本书受到中南财经政法大学中央高校基本科研业务费专项资金资助
“城镇化、环境质量与居民幸福感研究”（项目编号：31541410411）
“政府质量、公共支出与国民幸福”（项目编号：31541410409）

政府质量、公共支出与居民主观幸福感

何凌云　著

WUHAN UNIVERSITY PRESS
武汉大学出版社

图书在版编目(CIP)数据

政府质量、公共支出与居民主观幸福感/何凌云著.—武汉：武汉大学出版社,2016.12
ISBN 978-7-307-18201-1

Ⅰ.政…　Ⅱ.何…　Ⅲ.居民—幸福—研究—中国　Ⅳ.D668

中国版本图书馆 CIP 数据核字(2016)第 144972 号

责任编辑:陈　帆　　责任校对:李孟潇　　书籍设计:马　佳

出版发行：**武汉大学出版社**　（430072　武昌　珞珈山）
（电子邮件：cbs22@whu.edu.cn　网址：www.wdp.com.cn）
印刷：虎彩印艺股份有限公司
开本：720×1000　1/16　印张:12.5　字数:181 千字　插页:1
版次：2016 年 12 月第 1 版　2016 年 12 月第 1 次印刷
ISBN 978-7-307-18201-1　定价:46.00 元

目　　录

1 绪　　论

“不管国家的形式如何，宪法写着什么，它重要的目标都是增进居民的幸福。”（托马斯·潘恩：《人权论》，1791—1792）

“保障‘平民的幸福’应该是政府的基本目标。”（威廉·贝弗里奇：《社会保险和联合服务》，1942）

“紧紧围绕更好保障和改善民生、促进社会公平正义深化社会体制改革。”（《中国共产党第十八届中央委员会第三次全体会议公报》，2013）

改革开放后的三十多年来，我国强调经济增长的发展方式创造了巨大的社会财富，极大地改善了人们的物质生活。但是在国家转型过程中，政府腐败滋生、公共物品供给不足以及环境恶化等导致经济增长难以持续，甚至威胁到人的生存和发展。政府和社会在反思中逐渐认识到，经济增长只是一种手段，发展的最终目标在于使人不断获得幸福的增进。近几年，国家统计局等官方机构、中国社会科学院等学术结构、中国市长协会等社会机构、各大门户网站以及一些重要的报纸杂志社纷纷调查我国居民的幸福感状况，并发布相关报告。"幸福"成了街头巷尾热议的话题。尽管当前我国经济面临下行压力，但经济增长的支撑基础和良好条件没有改变。新常态下，中国经济将继续保持稳定增长并加速转型，获得更多增长动力。2015 年，中国的 GDP 增长率为 6.9%，仍处在世界前列。然而，据联合国可持续发展解决方案网络与哥伦比亚大学地球研究所 2016 年发布的报告，中国大陆在全球各国家和地区幸福度的排名中位列第 83 名。由此可见，经济增长与居民幸福感的提升并不同步，这引发了政策取向的转变和学术研究的关注。面对国民幸福感随着经济增长出现了停滞，甚至下降的困境，政府如何作为？对社会需求的满足程度是政府能否赢得政治忠诚和支持的重要因素。国内外学者研究认为，收入、收入不平等、教育程度、户籍和住房等因素对我国居民的幸福感有重要的影响。因而，政府能够通过资源再分配、缩小收入差距等方式有效提升居民的幸福水平。事实上，政府本身就是促进居民幸福感的重要动力来源，比如，政府官员减少腐败和提高行政效率都能增进居民的主观幸福感。本书将从政府的角度出发，研究政府如何能够增进居民幸福感。

1.1 研究背景、意义与主要问题

1.1.1 研究背景和意义

幸福即使不是人唯一的目标，也是最重要的生活目标之一。功利主义学派大师边沁认为，经济学所要研究的就是如何最大化人们的幸福。然而测度幸福比较困难，经济学的发展主线逐渐偏离了关于幸福的研究。从 20 世纪 50 年代开始，学术界提出“主观幸福感”的概念，即个体依据自定的标准对其生活质量进行整体评价。它的合理性和有效性得到了证实和认可（Frey and Stutzer，2002）。经济学家得以直接测度福利和效用，这为验证经济学理论的基本假设和结论奠定了基础。社会学、经济学和政治学等学科都掀起了研究居民主观幸福感的热潮。他们发现了很多有意思的现象，比如女性比男性幸福，人在中年时最不幸福。美国南加州大学教授 Easterlin 在 1974 年提出著名的“幸福—收入之谜”，即人均收入与居民主观幸福感并不存在显著的正相关关系。学者从收入预期、相对收入和收入不平等等多个角度对之进行了解释。Guriev and Zhuravskaya（2009）和 Rodriguez-Pose and Maslauskaite（2012）对俄罗斯和中东欧等转型国家的研究表明“幸福—收入之谜”困扰着这些国家。转型促进了经济增长并改善了居民收入状况，但居民的幸福感普遍较低。

中国作为一个发展中国家，历经了三十多年的改革开放而取得了巨大成就，社会物质财富增加，人均收入水平不断提高。但是在国家转型过程中，政府腐败滋生、公共物品供给不足以及环境恶化等问题促使各界反思经济增长的质量。居民因“办事不便、看不起病、空气有毒”等感到焦虑和痛苦，他们的精神家园需要被呵护。“主观幸福感”作为综合反映个人生活状态的指标，在我国得到了各界的关注。朱建芳和杨晓兰（2009）、邢占军（2011）、张学志和才国伟（2011）等学者的研究发现，我国居民收入对居民的主观幸福感有一定的促进作用，但是其正相关关系有不稳定性。何立新和潘春阳（2011）、赵新宇等（2013）认为“幸福—收入之谜”在我国已经出现。“幸福—收入之谜”的提出者 Easterlin 于 2012 年对中国进行研究后认为，1990—2009 年中国的经济保持着 8%以上的增长速度，以不变美元计价的中国人均 GDP 和消费至少增长了 4 倍，而这一期间中国居民的主观幸福感状况呈倒 U 形，2009 年的居民幸福水平甚至要低于 1990 年。他们认为，这充分反映了转型国家收入增长与居民幸福感增长不同步的现象，政府推进的改革导致了居民主观幸福感的波动。比如，1995 年左右开始的国企改革导致大量员工下岗，而限制农民进城的政策被放宽，城市就业岗位不足加之失业救济金的额度较低，导致这一时期居民的平均幸福水平大幅度下降。

学者从多个角度探讨了转型国家如何走出“幸福—收入之谜”的困境。大量的文献表明，政府具有权威性，控制着许多社会要素，提高政府治理水平和实施良好的公共政策能够增进居民的主观幸福感（Veenhoven，2004；Helliwell and Huang，2008；Ott，2011）。Guriev and Zhuravskaya（2009）认为，提高公共物品数量和质量能有效增进俄罗斯和中东欧等转型国家居民的主观幸福感。减少腐败也能帮助东欧转型国家改善经济增长与居民幸福感不协调的局面（Rodriguez-Pose and Maslauskaite，2012）。Easterlin（2012）指出政府完善社会保障体系是提高中国居民主观幸福感的重要途径。针对我国的具体情况，学者还提出了缩小收入差距、完善住房政策等建议。增进社会福祉是政府的基本责任和最终目标（Layard，2006），然而现有研究对政府行为如何影响居民主观幸福感的关注还比较少。政府作为掌握公权力的组织，一方面，它维护市场秩序并纠正失序；另一方面，政府组织可能自身失灵并侵蚀社会福利。本书将从政府质量、政府公共支出以及公共物品供给等多个角度研究政府如何能够让居民更幸福。

GDP 不能全面地反映国家的发展与进步，只有把居民幸福感作为政策讨论和制定的重要参考才能更好地保障民生。20 世纪 70 年代，不丹国王基格梅·辛格·旺楚克提出由经济增长、环境保护、文化传承和政府善治四项要素组成的“国民幸福总值”（GNH）体系，引导社会发展目标从单纯追求 GDP 增长向幸福最大化转变。法国于 2008 年开发国民心理账户，将国民幸福感作为考核政府工作绩效的一个重要指标和依据。巴西 2010 年将“寻求幸福”写入国家宪法，使公民的“幸福权利”受到法律的保障。中国政府也开始转变执政理念，更加重视民生问题和人文关怀，党的十八届三中全会更被认为是人民的“幸福指南”。

据统计，我国有一百多个城市在正式场合明确提出“幸福”

概念，将“幸福”列为施政目标。北京提出让人民过上“幸福美好的生活”；重庆提出要成为“居民幸福感最强的地区之一”；武汉市在2012年着手编制《幸福城市专项规划》，将人民幸福与否作为衡量政府公共服务绩效的根本标准。各地方政府以增加辖区居民主观幸福感为名而实施“幸福工程”和“民生工程”的实际效果值得关注。这背后的重要原因是，我们对政府增进居民主观幸福感的作用机制以及其中需要注意的问题还知之甚少。对这个问题的认识不仅关系着国家的执政理念和公共政策在地方贯彻实施的效果，而且影响经济社会均衡和协调，是我国可持续发展道路的题中之意。

1.1.2 本书解决的主要问题

主观幸福感是个人对自身生活整体满足感的评判，用它衡量国民的福利水平已经成为普遍的做法。我国的经济持续增长，但是居民的主观幸福感出现了“停滞”。当前，我国各级政府开始重视人文关怀，把提升居民主观幸福感作为重要的执政目标。政府作为管理社会公共事务的组织，制定社会制度和公共政策，是增加居民幸福感的先决条件。本书试图分析并尝试解决以下几个问题：

第一，政府质量是如何影响我国居民主观幸福感的？政府质量和主观幸福感在发达地区和落后地区是否存在差异？

第二，居民的幸福感分布不平等问题在我国是否存在？政府质量能否影响居民主观的不平等问题呢？

第三，政府公共支出是如何影响我国居民主观幸福感的？政府质量和公共支出的交互效应又是如何影响我国居民的幸福感的？

第四，政府质量和公共支出决定公共政策的效果和公共物品的质量，环境作为重要的公共物品是如何影响我国居民主观幸福感的？利用主观幸福感评测方法，我们该如何评估环境公共物品的价值呢？

1.2 本书的框架

本书的理论结构框架如图 1-1 所示：

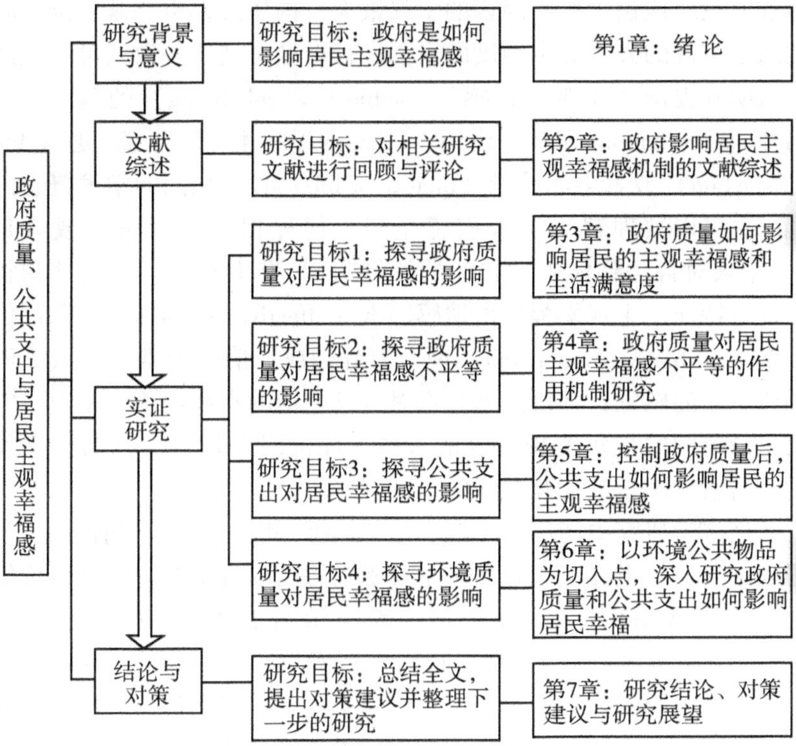

图 1-1 本书的结构框架

1.3 对书中重要概念的说明

1.3.1 主观幸福感

幸福是什么？这既是幸福感的本源性问题，也是研究的起点。Watermna（1993）说，幸福感是“每个人都知道其含义，但却无人能够精确定义”的词语。界定“幸福”很难，对幸福进行衡量更难，对幸福的衡量可以划分为客观标准和主观标准。传统上，有用收入或 GDP 衡量物质上的幸福感。但这一标准只能反映人类生活很小的一个方面。幸福是多维度的，人们开始创建教育、健康及环境等非经济指标来补充 GDP 标准。然而，关于综合的客观幸福标准究竟应该包含哪些因素的争议很大，构建过程也非常复杂，因此通过主观的方式对多维度的幸福进行衡量得到了一致认可。经济学家明确提出“主观幸福感”（subjective well-being）的概念，它与幸福（happiness）、快乐（happy）、生活满意度（life satisfaction）或者生活质量（quality of life）具有相同的学术概念内涵。它可以被理解为“人们感受到了何种程度的快乐”或者是“一个人对自己整体生活状况的评价”，具有主观性、稳定性和整体性等特征。主观幸福感由情感因素（affective component）和评价因素（evaluative component）两个部分构成。情感因素是指人正面的或负面的感觉；评价因素是指对自己生活的自我评价，是对一定的生命范围内抱负实现程度的考察。评价因素是基于判断和比较的，与情感因素是相互关联的。

经济学研究中使用的主观幸福感数据一般通过问卷调查的方式得到。目前，世界上调查居民主观幸福感的项目主要包括世界价值观调查（World Value Survey）、美国综合社会调查（American General Social Survey）、欧洲晴雨表调查（Eurobarometer Survey）、中国综合社会调查等。各个调查项目中关于主观幸福感的提问方式十分相似，但也各具特色。比如，世界价值观调查作为主观幸福感研究最重要的数据来源之一，通常用“将所有的情况都考虑进来，目前您生活幸福吗?”的提问方式，要求被调查者在数字 1 到 4 之间进行选择，1 表示最不幸福，4 表示最幸福。欧洲晴雨表调查的问题是“总体上而言，你对你的生活是非常满意、比较满意、不太满意还是非常不满意”。美国综合社会调查的问题是“考虑所有的因素，你会怎样评价你这些天的生活呢，你认为自己是非常快乐、比较快乐，还是不那么快乐呢?”

大量的数据表明，调查的主观幸福感数据具有很强的有效性，这是因为主观幸福感数据与心理学、医学和社会学从客观角度对人幸福的衡量紧密相关。第一，自评幸福水平与笑容频率、面对压力时的心跳和血压等生理反应存在相关性（Ekman et al.，1990；Pavot et al.，1991；Shedler et al.，1993）。第二，居民对自身幸福程度的感知与亲朋好友对他们幸福程度的评价具有很强的正相关关系（Sandvik et al.，1993）。第三，实验研究拒绝了由于社会预期导致居民高估自身主观幸福感水平的原假设（Konow and Earley，2008）。第四，主观幸福感得分越高的人自杀的可能性越低（Daly and Wilson，2009）。

主观幸福感研究可以阐明经济理论，为其补充新的知识。通过研究决定主观幸福感的因素能够引导政策的制定。例如，我们可以根据它们会在何种程度上改变人们的主观幸福感水平来对公共政策进行评估。例如，我们可以根据主观幸福感来分析在通货膨胀和失业之间的权衡取舍，从而采取一种使主观幸福感损失最小化的政策。制度质量能够对主观幸福感产生影响，从这个角度来看，增加透明度和问责等政策是有依据的。

1.3.2 政府质量

政府质量，又称制度质量或政府治理水平，是一个多维度的概念（Holmberg et al.，2009）。目前还没有关于政府质量的统一定义。La Porta et al.（1999）认为政府提供较完善的产权保护和较低的税负水平，在保持廉洁高效的同时提供良好的公共服务体现了较高的政府质量。Samanni and Holmberg（2009）认为政府公正性是政府质量的核心。Fan et al.（2011）将政府质量界定为政府决策是否被合法地接受并执行，受到社会大多数成员的支持，并使其服务对象获益的程度。世界银行对政府质量的定义较为宽泛，涵盖民意是否能得到表达、政治稳定程度、腐败控制程度、行政效率高低、法治水平等多个维度（Kaufmann et al.，1999）。关于政府质量的定义，学者们各执己见，难以达成共识，但在如何度量政府质量的指标上的分歧则比较小，各领域文献主要选取了政府行政效率、法治水平、腐败控制水平等指标。我国学者还研究了政府质量与公司现金持有、企业研发投资和财政分权等的相关关系。

居民的生活和工作都受到政府直接或间接的影响。政府质量的高低关乎政治的合法性和稳定性。仅靠政绩作为政府执政的合法性会出现“绩效困局”（亨廷顿，1998）。政府当前必须改变执政理念，应关注民生、增进社会福祉（居民生活满意度）以巩固其合法性基础。公共政策不仅是政府执政意志的体现，也应该是保护和实现居民合理利益诉求的保障。从公共政策的本质属性和基本功能来看，它是对全体社会成员在社会经济结构中所处地位变更和社会资源再分配最公正、最具合法性的工具。公共政策的制定、执行与评价等过程影响人们的各种利益需求和满足。公共政策的价值特征包括实践效率、公平正义和社会发展。因而，改善民生、实现居民幸福最大化应该是我国公共政策的价值取向。罗建文（2008）认为，“民生问题和民生幸福不是人民群众自己能够完全解决得好的，必须有赖于公共政策对人民群众根本利益和公共利益最大化的社会管理过程和有效调控活动”。

1.4 研究方法与数据

1.4.1 研究方法

本书运用理论分析和经验分析相结合的研究方法。文献综述是本书的理论基础。笔者广泛地检索和查阅了政府质量、公共政策和主观幸福感的研究文献，同时跟踪了解官方机构、社会组织和传媒机构在实践方面对主观幸福感进行的最新调研和发布的报告。

在本书的第四章和第六章，笔者构建了经济理论模型。根据文献分析和理论假设，本书设立了由政府治理水平、预算、公共物品供给数量和效用等因素构成的理论模型，在进行数理推导后，得出了最优化结果。理论模型具有极强的逻辑性和科学性，为经验分析提供了良好的基础。实证研究部分主要使用了以下计量经济学研究的方法：最小二乘法（OLS）和有序概率模型或有序 Logit 模型

(Ordered Probit 或 Ordered Logit Model)。本书同时使用了两种方法，作为互相之间的稳健性检验。

1.4.2　研究数据

本书采用的数据库是中国综合社会调查数据库（China General Social Survey，CGSS）2003 年、2006 年和 2010 年三年的综合数据。该调查由中国人民大学和香港科技大学调查中心合作，根据分层不等概率抽样方法，依区（县）、街道（镇）、居委会（村）、住户和居民的层次，对中国大陆居民展开问卷调查。在 2003 年度中，调查只包括了部分城市样本，2005 年至 2010 年的历次调查同时覆盖了农村和城市。CGSS 样本量大，覆盖地域广泛，具有较高的可信度。这一系列数据已成为学者们研究我国居民幸福感、价值观等问题的权威数据。笔者通过在中国综合社会调查网站登记注册并且提交数据使用申请，获得了数据资料，进而选择 2003 年，2006 年和 2010 年三次抽样调查获得的全部数据展开政府对我国居民幸福感影响的研究。在研究中，本书对那些在重要变量上存在缺失值的样本予以了剔除。

CGSS 数据对人口的社会经济特征进行了详尽的调查，通过对调查问卷的分析和处理，我们能够得到关于居民的性别、年龄、受教育程度、健康状况、婚姻状况、就业状况和收入状况等方面的信息。这些信息是笔者研究中的重要控制变量。CGSS 对居民的主观幸福感状况进行了科学合理的调查，表 1-1 中列出了主观幸福感的调查问题和本书对该变量的处理方式。由于 CGSS 数据并不是面板数据，本书在每一个章节中根据具体的需要来选择 CGSS 数据。

除了人口社会经济变量和居民主观幸福感变量，本书还需要用到城市的 GDP、城市化率、公共支出规模等宏观经济指标，这些宏观经济数据来源于《中国城市统计年鉴》、《中国区域经济年鉴》等。在实证部分，笔者对具体使用到的数据来源有详细的介绍以及描述性统计。

表 1-1　　**CGSS 数据中的居民主观幸福感变量**

数据库	关于居民主观幸福感的调查问题	处理后的变量
CGSS 2003 CGSS 2006	总体而言，您对自己所过的生活的感觉是怎么样的？ 1. 非常不幸福 2. 不幸福 3. 一般 4. 幸福 5. 非常幸福	变量：主观幸福感 1＝非常不幸福 2＝不幸福 3＝一般 4＝幸福 5＝非常幸福
CGSS 2010	总的来说，您认为您的生活是否幸福？ 1. 非常不幸福 2. 比较不幸福 3. 居于幸福与不幸福之间 4. 比较幸福 5. 完全幸福	变量：主观幸福感 1＝非常不幸福 2＝比较不幸福 3＝居于幸福与不幸福之间 4＝比较幸福 5＝完全幸福

1.5　本书的创新之处

第一，本书从政府质量、公共支出和公共物品供给的角度阐释了我国居民的主观幸福感现状，丰富了国内居民主观幸福感研究的经验证据。有的学者研究了收入、收入差距、住房等对我国居民主观幸福感的影响，但是这些因素仅仅解释了我国居民主观幸福感变动的一小部分原因。我国如何才能走出“幸福—收入之谜”的困境，还有待进一步解决。现有的研究为如何增进居民主观幸福感提出了很多政策建议，但很少有研究直接从政府的角度出发来关注居民的主观幸福感。本书从政府质量、公共支出和公共物品供给三个角度研究了政府对居民主观幸福感的影响。祁玲玲和赖静萍（2013）研究了南京居民对政府腐败的主观评价对居民主观幸福感的影响，但是腐败仅仅是政府质量问题的一个方面，关于政府质量对全国居民主观幸福感的研究也还比较缺乏。本书将利用世界银行对中国政府质量的调查数据，研究政府质量对居民主观幸福感的影响。胡洪曙和鲁元平（2012）以及谢舜等（2012）研究了政府公共支出对居民主观幸福感的影响，但是他们的研究中没有考虑政府质量因素。政府质量是决定公共支出结构和效率的关键因素，本书将在考虑政府质量的条件下，研究公共支出对居民主观幸福感的影响。目前关于具体的公共物品公告状况对居民主观幸福感影响研究的文献还非常少，本书将以环境物品为切入点，研究公共物品对居民主观幸福感的影响。

第二，本书研究了我国公共部门与非公共部门的主观幸福感不平等问题，进一步完善了国内关于部门间收入差距状况以及社会福利不均等的研究。居民主观幸福感是我国学者关注的热点问题之一，他们认为主观幸福感是一项重要的福利指标，并研究了多种因素与主观幸福感之间的关系。但是，学界还没有充分重视主观幸福感差距的扩大化倾向，本书将首次研究公共部门和非公共部门职工的主观幸福感差距。Demurger et al.（2012）以及张原和陈建奇（2007）等学者研究了存在于公共部门和非公共部门之间的工资收入和补贴等其他收入差距问题。然而，工资、奖金等收入只是政府部门职工福利的一部分，他们还享有其他福利，比如，官员可能贪污、受贿等。这些隐性福利数据难以取得是现有文献停留在分析工资等收入差距的重要原因。主观幸福感是一个反映整体福利水平的指标（Luechinger et al.，2013）。因而，本书认为主观幸福感能够衡量包括显性福利和隐性福利的个体总体福利水平，并进一步研究公共部门与非公共部门职工之间的福利差距。

第三，本书运用主观幸福感方法评估我国环境物品的价值，丰富了国内关于公共物品价值评估的研究。环境作为公共物品，没有市场价格。计算居民对环境物品的支付意愿（willingness to pay）将有效地揭示市场对环境物品的偏好。这是我们进行环境政策“成本—收益”评估的重要依据。学者和环境机构利用多种标准的工具，比如满意度评价法、意愿评价方法评估环境污染的成本或治污的收益。然而，这些评估方法有一些天然的局限性，比如满意度评价法假定个体的完全理性和市场的完全有效，意愿评价方法要求被调查者了解环境，两种方法还依赖于一些关于因果关系的具体知识，比如环境质量下降导致房价下跌等。主观幸福感方法通过测度环境污染（或改善）对个体主观幸福感的消极（或积极）影响，以及收入给主观幸福感带来的正面效应，计算保持居民福利不变时两者之间的边际替代率，从而得出居民对环境物品的支付意愿。它不仅能避免传统方法的缺陷，还具有稳定性、实用性等优点。目前，国内还少有利用主观幸福感方法评估环境价值的研究，本书将具体介绍这种方法，并且应用它来评估空气质量的价值。

2 文献综述

斯密在《道德情操论》中就提出经济学应当以公民的幸福生活为终极目的。约翰·穆勒在其名著《政治经济学原理》中阐述了社会发展应以人民的幸福为终极目标。幸福经济学是在深刻反思西方传统经济学理论与实践的基础上发展起来的。它不仅是对古典经济学的继承与回归，更是一种超越，为经济学研究注入了强大的生机与活力。半个世纪来，幸福经济学的文献研究取得了丰硕的成果。学者最先从年龄、教育程度和婚姻状况等个体特征去探索幸福之谜，而后学者将失业率、通货膨胀率和收入差距等宏观经济因素与个体的幸福感结合起来研究。随着幸福经济学研究的逐渐成熟，学者开始从社会制度等因素去寻找幸福的来源。这些研究对政府公共政策的制定和修正具有借鉴意义。但是，上述变量可能都还未触及问题的本质，政府作为管理社会公共事务的组织，其质量的好坏以及其提供的公共政策可能才是增加居民幸福感的先决条件。庆幸的是，政府对居民幸福感的重要性已经得到了一些学者的关注。

2.1 社会经济对居民主观幸福感的影响

2.1.1 个体社会经济特征对居民幸福感的影响

幸福经济学者应用多国数据的经验研究表明，个体社会经济特征与主观幸福感之间有稳健的相关关系（Blanchflower and Oswald，2011）。收入、性别、年龄、教育水平、婚姻状况和就业状况等因素都显著地影响居民的幸福（Diener et al.，1999；Frey and Stutzer，2002）。女性通常比男性感觉更幸福。身体健康状况良好的居民的主观幸福感高于不那么健康的人。有工作、已婚人士的幸福感水平更高。失业者一般都感觉不太幸福，他们不仅没有收入，还承受着失去自尊和社会地位的心理压力。人一生的幸福状况呈U形，在20岁左右的时候幸福感最强，然后幸福感会逐渐下跌直至谷底，40多岁以后，幸福感又会逐渐回升。学者用人在中年时期会面临极大的生活压力来解释该现象。

个体收入是影响居民主观幸福感的关键因素。收入的增加会导致幸福感在一定程度上的增加。在一国内部，富人的幸福感通常高于穷人。人会将自己的收入与邻居、朋友等的收入相比较，相对收入水平影响居民的主观幸福感（Weisbach，2008）。Layard（2005）研究发现，邻居的收入每增加一美元对居民幸福感造成的负面影响，相当于自身损失了十到三十美分。Luttmer（2004）和 Ferrer-i-Carbonell（2005）认为这种负面影响甚至相当于居民损失了一美元。相对收入主要通过影响预期进而影响居民主观幸福感。正如 Stutzer（2004）所说，幸福感取决于实际收入与预期的差距。当参照组的收入提高了，居民认为参照对象过上了本不属于他们的富裕生活。相对收入降低还通过导致“身份焦虑”进而影响居民主观幸福感，因为相对收入的降低可能意味着地位的降低（Wilkinson and Pickett，2009）。

2.1.2 宏观经济因素对居民主观幸福感的影响

研究宏观变量对居民主观幸福感影响的文献一般要重点考虑社会失业率。失业率不仅影响失业者的幸福感，对有工作的居民的幸福感也有不利的影响。Frey and Stutzer（2002）认为有工作的人可能对失业者的不幸命运感到不快，他们还担忧要缴纳更高的税，因而主观幸福感状况受到影响。有工作者的人根据整体的就业形势评估他们可能失业的概率，若社会失业率越高，居民的不安全感越强，因为他们自身也许有一天也会失业。Green et al.（2000）研究发现，对失业的担心不仅仅局限在一小部分人中，不同产业不同工种中有相当规模的群体都在为此担忧。出于对随时可能失去工作的担心，他们的主观幸福感降低。失业者对社会失业率提高表示恐惧的重要原因在于，他们担心难以再就业。Winkelmann and Winkelmann（1998）研究表明失业者对长期不能获得稳定的收入的忧虑要远远大于对当前没有收入的忧虑。Paul（2001）针对失业者的研究表明，他们担心自己在劳动力市场上贬值，并且害怕被社会排斥，这些因素都会导致失业者感觉不太幸福。

政府统计的失业率可能是失真的，有些人是自行选择失业。因懒惰而不愿工作，或者只是暂时不工作，利用这段时间进行培训以提升人力资本。在我国，城镇登记失业率只是部分地反映了真实的社会失业状况。在研究失业率对居民主观幸福感的影响时，必须对这些因素加以考虑。

经济学研究中一个公认的观点是，高的通货膨胀率是经济体中的一个危险信号，而稳定和可预期的通货膨胀率不会对经济运行产生不利的影响，甚至有可能是有利的。居民对通货膨胀可能存在不同的看法。Shiller（1996）调查了公众对通货膨胀率的态度，美国和德国的677名被调查者对通货膨胀的作用机制和后果各有看法，看法在国家间和代际间都表现出差异。居民普遍认为过高的通货膨胀率降低了居民的生活水平，导致政治不稳定性和道德失范。因而，在研究居民主观幸福感问题时，考虑通货膨胀因素是非常必要的。居民在日常生活中对通货膨胀的感知可能与官方公布的通货膨胀率存在差异。只要通货膨胀率不断提高，并且超过一定的心理底线，居民就会在日常决策中随时考虑通货膨胀因素，而且还担心恶性通胀的发生。学者对欧洲、美国及转型国家的实证研究都表明了通货膨胀对居民主观幸福感的不利影响（Wolfers，2003；Teksoz，2005）。

许多经济学家认为GDP增加能提高居民的主观幸福感，富国居民的主观幸福感高于穷国居民的主观幸福感（Veenhoven and Hagerty，2003；Stevenson and Wolfers，2008；Deaton，2008）。值得注意的是，尽管文献表明，从横截面数据的研究看，居民的主观幸福感与GDP呈正相关。然而有学者认为GDP增长仅影响国民收入低于15000美元国家的国民幸福感，对国民收入超过15000美元国家的国民的主观幸福感不起任何作用（Layard，2005）。Easterlin（1974，1995，2005a，2005b）提出了“幸福—收入之谜”，即国家GDP的提高并没有带来相应的国民幸福感的上升。个体不断提高的期望以及对当前经济状况的适应是造成这一困境的重要原因（Stutzer，2004；Di Tella and MacCulloch，2010）。在研究居民的主观幸福感水平时，不仅要考虑GDP总量，有时候也要考虑GDP增长率和人均GDP水平。考虑GDP增长率，有助于研究收入对居民幸福感的影响的边际递减效应，而考虑人均GDP，有助于我们理解对每个个体而言 GDP 的绝对效应。

社会不平等水平影响到社会整体福利。贫富差距过大导致社会分裂和犯罪率的提高；贫困者感到不满和被排斥；富人认为人身和财产安全有被侵犯的风险。Helliwell（2003）研究表明，当收入分配更公平时，居民的主观幸福感水平会提高。Fischer（2009）研究发现税后收入不平等水平与幸福感得分负相关。Graham and Felton（2005）对拉丁美洲的研究也证实了社会不平等会产生不利影响。

相当一部分文献认为，社会不平等对居民的主观幸福感与社会流动性和个人价值观等因素息息相关（Luttmer，2004；Fahey and Smyth，2004；Bjornskov et al.，2010）。比如，Alesina et al.（2004）的观点是，美国居民认为市场的财富分配很公平，贫困群体有机会通往社会上层，富裕群体随时可能沦为底层。欧洲的社会流动性较低，60%的穷人认为自己很难摆脱贫困，因而美国的富人和欧洲的穷人更厌恶社会不平等。有些国家的居民认为，财富是美德和勤劳的产物，收入不平等并不意味着分配不公，他们的幸福感也不会受到社会不平等水平方面的不利影响（Berg and Veenhoven，2010）。综合考虑国家和居民的具体情况后，Hopkins（2008）和Clark and Senik（2010）的研究认为社会不平等不但不会降低社会福利水平，反而有促进作用。

2.1.3 社会制度对居民主观幸福感的影响

在很长一段时间内，学者忽视了社会资本等社会因素对居民主观幸福感的重要影响（Diener and Oishi，2004；Helliwell，2006）。个人通过与他人或组织的关联能够获得资源，这被称为“社会资本”。社会资本包括社会信任、社会网络与社会归属等几个维度，它能够有力地解释为什么有些国家居民的幸福感程度高于另一些国家（Bjornskov，2003）。

信任作为社会资本理论的重要组成部分，Coleman（1988）认定其为一种理性选择，即在理性计算之后将赌注押给信任对象的一种选择。信任可以降低社会各方面的交易成本，是社会良性运作不可或缺的因素。Paldam（2000）和 Allum et al.（2012）认为，社会信任可以分为广泛意义的信任和具体意义的信任，前者泛指对社会整体的信任感，后者指对具体的人或组织的信任。Bjornskov（2006）使用居民对“总体上而言，你认为大多数是可信的吗，或者说你是否需要小心翼翼地与人相处”的回答衡量他们的社会信任水平。Bjornskov 对 80 多个国家的研究表明，社会信任水平越高，居民的主观幸福感也越高。对家庭成员的信任会对个人身体和情绪产生健康影响，进而增强居民的主观幸福感（Bjornskov，2008）。如果政府机构令人信任，也就是说，民众对于政府机构整体作积极评价，那么这种信任感会成为民众与政府之间互动的“润滑剂”。对政府机构的信任不仅能提高公民自我履行职责的意向，也会激励政府部门更加良好地运作。在此良性互动之中，政府政策的推行阻力将减小，而民众也会积极参与到政治过程中去。公民对政治生活的积极参与有助于形成生气勃勃的政治体系；政府机构的良性运作以及广大公民的政治参与有利于增加居民对自我整体生活质量的积极评价。Rus and Iglic（2005）和 Hudson（2006）研究认为，对法院和政府等公共部门的信任有助于增进居民的主观幸福感。

Coleman（1988）认为通过认识更多的人或者是与人有更紧密的联结能使我们从社会网络中获取信息。社会网络所提供的切实的帮助能降低居民身体和心理的压力；社会网络还可能引起生理机制刺激个体的免疫系统来抵御疾病和痛苦的压力。实证研究表明，与家人、朋友和邻居共处的时间越长，居民的幸福感水平越高（Lelkes，2006；Powdthavee，2008；Peasgood，2007）。学者对参与社会组织和志愿者活动对居民幸福感的影响是积极的还是消极的这一问题存在争议（Dolan et al.，2008）。Leung et al.（2012）认为，随着人们在参与社会活动的过程中更多地了解了世界，幸福感会降低。

社会归属会影响人体健康和学生的学习成绩（Maycock and Hotwart，2007；Clift Gore，2005）。Fujiwara and Kawachi（2008）最早研究了社会归属对人的主观感受的影响。他们的研究发现社会归属感越强，人们越不会感到绝望。Leung et al.（2012）利用加拿大综合社会调查数据研究发现，对社区的归属感越强的居民的幸福感也越强。

2.2 政府质量与居民主观幸福感

政府是执行国家权力、管理社会公共事务的组织，掌握着制度、资源和公共政策。政府是否能够以及在多大程度上提高其辖区内居民的幸福感是评判政府质量优劣的一个重要标准。研究政府质量与居民主观幸福感之间的关系，首先要建立一个可操作的概念体系。一般认为，政府质量、治理和制度质量是相似的概念。早期的研究者很多是通过腐败程度的高低来测度政府质量的。Back and Handenius（2010）认为好的政府质量可以界定为高效的行政且没有腐败。在幸福经济学的研究中，一般用世界银行发布的世界治理指数来衡量政府质量。世界治理指数包括民意表达程度、政治稳定程度、行政效率、监管质量、法治水平和腐败控制水平六个指标。一些学者认为其他的指标，比如自由之家（Freedom House）关于公民自由和政治权利的指数、哥德堡大学（University of Gothenburg）政府质量研究中心（The Quality of Government Institute）发布的政府公正性指数等也可以衡量政府质量。现有经验研究证实，总体上来说，政府效率、减少腐败和公正的制度等维度的政府质量改善都能够显著增加居民主观幸福感（Helliwell and Huang，2008；Bjornskov et al.，2010；Ott，2011；Kim and Kim，2011）。政府质量通过影响经济增长、收入分配、完善对居民财产权利和人身安全的保护、制度信任和财政支出等行为影响居民的主观幸福感。

Helliwell and Huang（2008）认为世界治理指数中的六个指标可分成两个维度。第一个维度包括行政效率、监管质量、法治水平和腐败控制水平；第二个维度包括民意表达程度和政治稳定程度。Ott（2011）也认同了他们的这种做法，他认为可以把第一个维度称为政府技术质量，把第二个维度称为政府民主质量。Bjørnskov et al.（2010）运用主成分分析法把制度质量转化为经济—司法制度因子和政治制度因子，将其对应于政府技术质量和民主质量。

学者们研究了两个维度对居民幸福感的影响。一方面，政府技术质量会影响居民的幸福感。Coggburn and Schneider（2003）研究认为管理良好和高效的政府对居民幸福感有积极的影响。Margit Tavits（2008）研究了腐败对居民幸福感的影响。腐败是“利用公共权力获得私人利益”。他认为如果公共物品只提供给那些有“关系”或者富有的人，没有这些资源的那部分人肯定处于不利地位。而且，若卷入腐败交易中，人们会失去追逐自己目标的独立性，因而变得不幸福。腐败带来的经济和社会成本还会恶化居民的人际关系。总之，腐败降低了居民的主观幸福感。他分别使用1995年16个欧洲国家17166个被调查者的个体层面数据和世界价值观调查的68个国家的国家层面数据，采用极大似然法估计随机截距模型和有序逻辑模型（Ordered Logit Model），发现腐败水平是居民主观幸福感的重要决定因素，即腐败水平越低，居民的主观幸福感越高。Welsch（2008）不仅发现腐败对居民幸福感的不利影响，还计算出了这种影响的货币价值，2001年到2004年146个国家平均腐败水平上升造成的居民福利损失相当于一个国家GDP的3.5%。

另一方面，政府民主质量影响居民的幸福感。Frey and Stutzer（2002）研究了瑞士的直接民主对居民幸福感的影响，他们使用瑞士1992年的市级截面数据研究表明瑞士的直接民主程度与居民主观幸福感存在正相关关系。人们参与到政策决策过程中，从中获得了“程序效用”，从而变得很幸福。如果居民偏好的代理人获得选举胜利，他们的幸福感更强。一是因为这部分居民实现了目标，获胜的代理人是他们的利益代表，会将他们的诉求列入执政议程中；二是代理人掌权后执行的是与他们的理念相合的政策，如Di Tella and MacCulloch（2005）所说，政府理念与居民理念的共鸣会给居民带来强烈的幸福感。

政府技术质量和民主质量对不同发展水平的国家居民幸福的影响体现出不同的特征。在Helliwell and Huang（2008）的研究中，民主质量对相对富裕（人均收入高于美国1995年人均收入水平的一半）的国家更重要，而技术质量对相对贫穷的国家更重要。在他们的研究之后，Ott（2011）以2006年的7000美元（经购买力调整）为穷国和富国的分界点，也说明了类似的观点。Bjørnskov et al.（2010）在研究中也提到只有当一个国家的大部分居民摆脱了贫困，政治制度因子才能发挥作用，在那之前经济—司法制度因子的作用力更大。

在发展中国家，居民希望政府能够提高技术质量，提供健全的制度框架，促进社会的物质繁荣，以满足他们的基本需求，进而让他们得到更多的发展机会。比如，对一个生活在非洲发展中国家的居民而言，医疗条件和住房条件的改善比民主程度的提高更重要。政府提升技术质量即提高行政效率和法治水平，努力提供良好的公共服务和公共政策，创造公平公正的社会环境，就给发展中国家居民构建了有利于增进他们幸福的前提条件。技术质量与居民幸福的联系是基础性的，它是民主质量影响幸福的条件。只有当居民表达的意见得到回馈，而且他们选举出来的不是一个腐败的代理人的时候，民主对幸福的意义才能凸显出来。腐败破坏民主背后的委托代理关系，通过降低居民影响政治决策的能力进而影响居民幸福（Mark，2004）。即使居民选举的代理人获得了胜利，名义上的代理也不能真正转化为影响政治决策的实际能力。政治决策被特殊利益集团控制会给居民带来被排斥和被疏远的感觉。在这种情况下，民主对居民幸福的影响将会消失。

当国家的经济发展到一定水平后，人们的基本生活需求得到满足，政府的民主质量对居民幸福发挥出越来越重要的作用。高的民主质量让居民感觉到他们参与了政治过程并影响了政治结果。他们从参与过程中获得了积极的自我感觉。总之，政府质量是居民幸福的重要来源。政府质量的两个维度——技术质量和民主质量也分别影响居民幸福。好的治理本身就是居民幸福的来源，如果居民被认真地对待，他们的幸福感显然会提升。制度是“环境”，高质量的“环境”让居民生活得更有安全感，他们能够安心地从事自己的活动，因此拥有良好的心理满足状态。政府质量不仅影响居民的幸福，还影响幸福感分布不平等的状况。公务员掌握着居民授予他们的公权力，在一定范围内，他们能获得“租金”。“租金”可以被定义为“效用补贴”，包括金钱收益和收取贿赂的机会等。因此公务员比其他行业从业者的效用更高（更幸福）吗？利用美国家庭调查数据，Luechinger et al.（2011）的研究说明较高的治理水平能够有效限制公务员追逐私利和“寻租”，缩小他们与其他行业从业者的主观幸福感差距。Ott（2011）用国家内被调查居民自评幸福值的标准差衡量幸福不平等状况，研究政府质量对居民幸福不平等的影响。他得到的结论是，政府质量与幸福不平等水平呈倒U形关系。他们认为，这是“幸福的库兹涅茨曲线”。在政府质量提升的第一阶段，有一部分居民获得更多的收益；随着政府质量的改善，政府会更加关注那些在上一阶段被落下的居民，促使他们幸福感的提升。

2.3 政府行为对居民主观幸福感的影响

Dolan et al.（2007）通过对经济学效用概念与主观幸福感进行比较之后得出结论：主观幸福感可以作为一个重要的公共政策评价指标，对公共政策的整体社会成本和收益进行量化、及时检验政策失误，这是传统经济指标所难以做到的。收入、失业率和社会资本等因素影响居民主观幸福感为政府提供良好的政策建议，政府可以通过资源再分配、完善社会保障体系等政策提升居民的主观幸福感。然而，政府支出和公共物品供给究竟是如何影响居民主观幸福感的呢？这是一个有待回答的问题。Diener（2009）认为，只要政府在清楚地了解地方居民偏好的情况下，增加公共支出可以增强居民幸福感。Ram（2009）利用145个国家的大样本数据以及Lana（2009）对13个转型国家的实证研究表明，政府支出与国民幸福感存在一定程度的正相关关系。政府失业保障支出、健康支出和公共安全支出有利于增加居民的主观幸福感（Di Tella et al.，2006；Kotakorpi，2007；Wassmer et al.，2009）。在考虑公共支出对居民主观幸福感的影响时，必须要加入政府质量变量。政府官员掌握公权力，他们在决定公共支出的规模和配置时有重大决策权。若政府质量不高，公共支出可能进入官员的私囊，也可能成为利益交换的载体，更可能会有盲目扩大和结构扭曲的风险。实证研究表明，政府质量越高，公共支出就越有可能对居民的主观幸福感产生有利影响（Ott，2010）。

环境作为重要的公共物品，它的质量影响国民健康和经济收入。工业革命之后，世界多国的环境质量都有不同程度的下降，在新时期改进环境质量是各国重要的公共政策内容。Welsch（2002）最早用空气中二氧化硫（SO_2）、二氧化氮（NO_2）等污染物的含量衡量空气质量，研究客观的污染状况与居民主观幸福感的关系。他利用54个国家的截面数据研究对国家平均幸福水平的影响。为解决不可观测的异质性问题和伪相关问题，他在2006年使用10个欧洲国家的面板数据进行研究，结果表明空气污染是导致国家间幸福水平差异的重要原因。Di Tella and MacCulloch（2007）用人均硫氧化物（SO_X）排放量衡量污染程度对欧洲和美国的居民幸福感进行研究，实证结果表明污染对居民主观幸福感有不利影响。Ferreira and Moro（2010）使用地理信息系统（GIS）技术精确地度量爱尔兰各地区的污染程度，他们发现居住区域的PM10含量越高，居民越不幸福。Menz（2011）将发展中国家纳入研究范围，他利用48个欧洲、亚洲和南美洲国家1990年到2006年的非平衡面板数据，实证结果表明空气污染（PM10）不利于居民主观幸福感的提升。德国等国家在20世纪80年代初就意识到环境污染的危害，并采取了一系列的治污措施。但是治理效果与许多无法观测的社会经济变量相关（比如，民主德国和联邦德国合并），因此在研究环境污染与居民主观幸福感问题时直接使用排污量衡量污染水平可能存在内生性问题。为了更准确地进行研究，Luechinger等研究者为空气污染寻找工具变量。他利用1983年后德国对火力发电厂进行脱硫改造，该举措改善了电厂下风向地区的空气质量，而对上风向地区的空气质量影响不大的自然实验，以居民所在地的风向中SO_2含量为工具变量进行的研究说明空气污染对德国居民幸福感有显著的不利影响。他还以外国对本国造成的污染为工具变量，发现SO_2对欧盟国家和挪威居民幸福感产生了负效应（Luechinger，2010）。

MacKerron and Mourato（2009）认为，研究空气污染与居民幸福感时必须考虑环境污染的不公平性问题。美国和英国等国排污量大的工厂出于成本的考虑，倾向于在贫困的地区取址。享受着这些工厂生产出的产品的人将他们的幸福成本转嫁给无法避免污染成本的穷人（Mitchell and Dorling，2003）。穷人承受着降低幸福感的双重负担——贫困和污染。面对环境问题，穷人的敏感性更强。Luechinger（2009）对德国的实证研究还发现，患有呼吸疾病或心血管疾病的人因空气污染承受了更多的幸福感损失。而 Levinson（2009）使用美国综合社会调查数据和环境保护署空气质量监测数据进行的实证研究表明，在美国并不存在环境污染的不公平性问题。空气污染对美国居民幸福感的不利影响不因他们的健康状况、环境态度、年龄和教育水平各异而有所不同。

2.4　基于主观幸福感方法的公共物品价值评估

有学者发明了一种评估公共物品价值全新的方法——主观幸福感方法（Welsch，2002；Levinson，2012）。它基于主观幸福感是“经验的效用”，可以被视为个人福利的近似值（Krueger and Schkade，2008；Frey et al.，2009）。心理学家就如何度量经验的效用作出了巨大的努力（Diener et al.，1999；Kahneman et al.，1999）。决定性效用是个人在多种选择中表现出的偏好，经验的效用是在享乐意义上的效用。经验的效用可以用居民在调查中汇报的主观幸福感来衡量。经济学家利用这种效用的衡量方法解决了很多问题，并且试图进一步阐明个人的效用函数。比如，他们研究了居民对通货膨胀率和失业率的偏好，对不平等和公共支出等的偏好。若使用主观幸福感方法评价公共物品，有以下几个条件必须要满足。

第一，对居民主观幸福感的调查必须是居民对他们整个人生的总体评价，换句话说，主观幸福感不仅仅是反映居民近期的心理状态的效用函数。第二，主观幸福感的打分不仅反映被调查者内在稳定的心理状态，还反映了他当前的情绪。这就给衡量真实的经验效用的幸福感函数形成干扰。信噪比要足够高，这是保证主观幸福感方法具有有效性和可信性的关键。第三，被调查者对幸福感的评价是适用于此生的，这通常要通过改进调查问题的措辞来实现。第四，主观幸福感评分的可比性。被调查者把他们的真实效用转换为提问语境中的“很不幸福”“不幸福”“一般”“比较幸福”和“非常幸福”。有一些被调查者对生活际遇变化的主观幸福感的反应强于其他被调查者。这个问题将妨碍我们在个人意义上对人与人之间的自评幸福感状况进行比较。然而，对公共物品进行的评价只要求我们进行组内比较，而主观幸福感对不同境况下各组的居民是可比的。只关注各组的幸福感最小化了要求人与人之间可比性的问题，因为我们没有理由认为一大组的被调查者都会在打分时存在系统性误差，进而影响估计的结果（Frey et al.，2009）。第五，主观幸福感评分是序数的，使用有序模型，序数性的信息足以让我们计算出补偿性剩余。但是在实证研究中我们发现，假设主观幸福感打分的基数性不会影响实证结果。为了公共物品评价的方便，我们假设主观幸福感是基数的。

如果能满足以上几点要求，主观幸福感数据就能够被用于评价公共物品。学者将公共物品和居民的收入放进关于居民主观幸福感的微观方程中，通过测度公共物品增加对个体主观幸福感的消极（或积极）影响，以及收入给幸福感带来的正面效应，计算保持居民福利不变时两者之间的边际替代率，从而得出居民对公共物品的支付意愿。主观幸福感方法比评价公共物品的传统方法直接很多，因为它仅依赖于个体主观幸福感的调查。该方法的可用性和易用性使它受到越来越多的青睐。

幸福函数可以设定为：

$$H_{ij} = F(Q_j,\ I_{ij},\ X_j,\ D_{ij},\ U_{ij}) \tag{2.1}$$

在（2.1）式中，H_{ij} 表示 j 地个体 i 所报告的主观幸福感，Q_j 表示 j 地的公共物品供给状况，I_{ij} 表示 j 地个体 i 的收入状况。X_j 表示一系列影响个体幸福感的宏观层面的因素，比如通货膨胀率和失业率，它对 j 地的所有个体都赋相同的值。D_{ij} 表示那些影响个体幸福感的微观层面的因素，比如，性别、年龄、婚姻状况、教育程度、工作状况等。U_{ij} 表示一系列无法观察到的影响因素，可以将其视为误差项。通过对该模型的估计，就可以计算居民对增加优质公共物品供给的边际支付意愿。

为了分析的方便，我们假定个体的主观幸福感只受到公共物品和个体收入的影响，简化式表示为：H=F（M，Q）。令 dH=0，对这个方程求全微分可以求得公共物品的边际价值（marginal value，MV）：

$$MV = -\frac{dM}{dQ} = \frac{\partial F/\partial Q}{\partial F/\partial M} \tag{2.2}$$

在（2.2）式中，如果 Q 测度的是优质公共物品的增加，则 MV 将会为正值。相反地，如果 Q 测度的是公共物品质量变差，则 MV 将会是负值。MV 的绝对值表示的是公共物品与收入之间的边际替代率。

MV 的另一个含义则可以理解为，在保持个体幸福感不变的情况下公共品变化的边际价值。例如，优质公共物品减少一个单位需要多少收入作为补偿才能保持个体主观幸福感不变。如果非边际变化可以被度量的话，那么可以利用希克斯（Hicksian）福利测度方法①。补偿等值（compensating variation，CV）和收入等值（equivalent variation，EV）都是合适的测度方法。补偿等值表示在公共品变化之后为保持个体之前的主观幸福感不变，个体的收入应该增加或减少多少。收入等值表示在公共品没有变化的情况下，个体想要获得更高的福利水平的话，那么个体的收入相应要调整多少。

假定用 ΔQ 表示公共品的变化，那么 CV 和 EV 的含义可以用以下公式清晰地定义：

$$F(Q, M) = F(Q + \Delta Q, M - CV) \tag{2.3}$$

$$F(Q + \Delta Q, M) = F(Q, M + EV) \tag{2.4}$$

如果公共品是向好的方向变化的话，则 CV 和 EV 为正值。相

① 关于希克斯福利测度方法以及 CV 与 EV 测度方法可以参阅 Johansson（1987）和 Ian J. Bateman et al.（1998）。

反地，如果公共品是向坏的方向变化的话，则 CV 和 EV 为负值。

图 2-1 中，我们给出了 CV 和 EV 的度量。我们先设定一个初始点 A，它位于无差异曲线 I_A 上。如果公共品变好了 ΔQ ，这在图 2-1 中表现为 A 点会移动到位于无差异曲线 I_B 上的 B 点。当 B 点向横轴引垂线退回到无差异曲线 I_A 上的 C 点时即可以求得 CV 等于 F−E。当个体从 I_A 上的 A 点移动到 I_B 上的 D 点（公共品保持不变)，那么可以求得 EV 等于 G−F。相反地，如果 B 是初始点的话，个体的效用从 B 点退回到 A 点，那么可以得到 CV 等于 F−G，而 EV 等于 E−F。

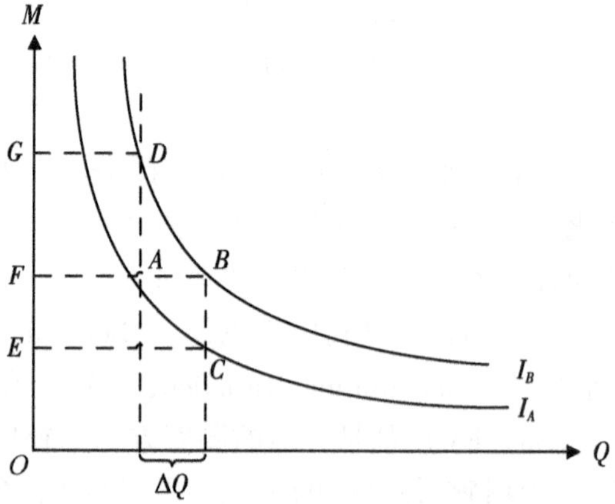

图 2-1　CV 和 EV

使用等式（2. 2）衡量边际替代率对潜在的效用函数进行了严格的假设。一般假定个体根据市场价格和风险厌恶程度、尽早消费偏好等选择特性作决策，以最大化无法观测的效用函数。评估公共物品价值的最大挑战在于，我们观测不到它的市场价值和选择。公共物品没有市场，除非通过再分配等方式，个体不能直接“选择”自己能拥有的公共物品的数量和质量。主观幸福感方法认为居民效用的近似值可获得，从而可以推断居民愿意作出的选择和最优价格。居民的主观幸福感能够有效衡量他们的效用，或者说幸福感是潜在效用的表现形式。潜在效用越高的居民会认为自己越幸福，主观幸福感方法与经济学的离散选择模型是一脉相承的。

目前对主观幸福感方法比较成熟的一个应用是利用它计算居民对环境物品的支付意愿。Welsch（2006）研究发现，每增加排放一千吨二氧化氮，在54个国家的平均意义上，居民愿意支付126.1美元到194.2美元。德国、法国等10个欧洲国家在1990—1997年间所减轻的二氧化氮和铅污染相当于每年为居民减少了760美元和1390美元的损失。Di Tella and MacCulloch（2008）对12个OECD国家混合截面数据的研究发现，二氧化硫排放量每增加一个标准差造成的福利损失等价于居民收入降低15%。跨国的环境价值评估存在严重的偏误，因为一国内的环境状况就存在很大的差异。学者对英国、德国、爱尔兰、美国等国国内各地区居民的支付意愿进行了研究。英国居民愿意付出收入的5.3%以避免二氧化氮污染浓度加重1%；德国居民对缓解二氧化硫污染的支付意愿是他们收入的0.9%~1.5%；爱尔兰居民愿意支付945欧元以减轻可吸入颗粒物污染；美国居民为减少一立方毫克可吸入颗粒物所愿意承担的费用是891美元（Luechinger，2009；Ferreira and Moro，2010；Levinson，2012）。主观幸福感方法不但能够克服传统环境价值评估方法的一些困难，比如满意度评价法假定个体的完全理性和假定市场的完全有效，意愿评价方法要求被调查者了解环境，但主观幸福感方法不需要这些严格的假定。此外，它同样可以避免传统方法所共同存在的问题：传统方法至少依赖于一些关于因果关系的具体知识，比如环境质量下降导致房价下跌等。但是主观幸福感方法对此没有过高的要求，因为它能够抓住环境状况变化带来的所有影响，即使个体自身也许并没有觉察到。

2.5 我国居民主观幸福感的研究现状

我国的经济持续多年高速增长，已经跃升为世界第二大经济体。但是贫富分化、政府腐败滋生以及环境恶化促使我们反思当前的增长模式。“主观幸福感”作为一个全新的理念，不仅能在政策层面上补充狭隘的经济发展目标，而且在日常生活领域也潜移默化地改变着人们对生活和自身发展的态度和认知。国内外学者对我国居民的主观幸福状况进行了丰富的研究，他们不但关注传统的收入、教育等因素对我国居民主观幸福感的影响，还对具有中国特色的一些因素和现象进行了探讨。近几年，越来越多的学者开始关注政府行为对我国居民主观幸福感的影响。

2.5.1 我国的社会经济对居民主观幸福感的影响

性别、年龄、教育水平、婚姻状况和就业状况等个体社会经济特征，通货膨胀率和失业率等宏观经济因素对我国居民主观幸福感的影响规律与其他国家相似（Appleton and Song，2008）。中国缔造的“经济奇迹”十分耀眼，“幸福—收入之谜”在中国究竟是否存在是一个值得关注的议题，幸福经济学者对我国收入与居民主观幸福感之间的关系进行了广泛而深入的研究。一些学者认可了收入对我国居民主观幸福感有一定的积极意义，但朱建芳和杨晓兰（2009）认为收入和幸福之间的关系不稳定。邢占军（2011）发现地区幸福水平与居民幸福感水平之间相关不明显。一些学者认为，“幸福—收入之谜”在我国已经出现了（何立新和潘春阳，2011；赵新宇等，2013）。既然收入不能完全解释居民主观幸福感的变动，那么到底是哪些因素在影响居民的主观幸福感呢？学者开始从居民的相对收入水平以及社会不平等状况中寻找答案。尽管这两个因素对居民主观幸福感的重要影响得到了肯定（Knight and Gunatilaka，2008；王鹏，2011；张学志和才国伟，2011），但是随着研究的深入，学者发现，它们对幸福感的影响存在异质性。比如，收入差距仅仅损害了低、中低和高收入阶层的幸福感，而对中上收入阶层的影响并不显著（何立新和潘春阳，2011）；社区层面的收入差距有助于提高居民的主观幸福感，但这种影响存在人际差异（陈钊等，2012）。

除此之外，学者还重点研究了其他因素对居民主观幸福感的影响。价值观被认为是影响居民幸福感的重要因素，重视金钱的人幸福水平更低，而重视生活情趣的人幸福水平较高（张学志和才国伟，2011）。社会资本对我国居民的主观幸福感也有重要影响

(Yip et al.，2007)。黄嘉文（2013）利用CGSS 2005数据研究表明，教育程度影响居民的主观幸福感，拥有中专、高中和大学以上学历的个体最幸福，教育回报也显著地影响居民的主观幸福感。在具有中国特色的转型背景下，出现了一些特殊的社会经济现象，比如小产权房和户籍问题，而这些因素对我国居民的主观幸福感也有重要的影响。李涛等（2011）认为拥有大产权住房和更多的大产权住房能够显著地提高居民的幸福感，但拥有小产权住房以及小产权住房的数量对居民幸福感没有显著的影响。平均而言，大产权住房给首次置业和二（或多）次置业这两个居民群体带来的幸福感提升并没有显著差异。但是，学者进一步研究发现，对于预防性储蓄动机更强和更可能受到流动约束的家庭，二（或多）套大产权住房为其带来的幸福感提升幅度与首套房没有显著差异，而对于预防性储蓄动机较弱和受流动性约束可能性较低的家庭，大产权住房数量对居民幸福感提升的边际作用递减。城乡户籍分割对居民的收入机会以及主观幸福感有重要的影响（Jiang et al.，2011)。

学者将居民进行分类以便更好地研究我国居民的主观幸福感状况。罗楚亮（2006）将居民分为农村居民和城市居民，他的研究认为，由于预期的满足程度、收入变化预期对生活状态改善的差异造成了农村居民幸福感高于城镇居民幸福感。Knight et al.（2008）得到的结论与之无本质差异，他们认为农村居民较低的人生期许导致农村居民的幸福感更高。随着我国放宽对农民进城的限制，许多农民进入城市务工，因此，学者将居民分为外来劳动力和城市本地居民进行研究。罗楚亮（2009）认为外来劳动力在融入城市生活后，其期许和生活参照对象会发生变化，与之前留在农村的生活状态相比，主观幸福水平会降低。陈钊等（2012）发现由于户籍制度与城市劳动力市场分割，高教育水平的外来居民的幸福感较低。随着我国步入老龄化社会，老年人的主观幸福感得到越来越多的关注。亓寿伟和周少甫（2010）对老年人主观幸福感的研究表明，心理健康和生理健康对老年人的幸福感有十分重要的影响。

幸福作为反映民生的主要指标得到了认可，以上对我国居民幸福感产生影响的因素都揭示了重要的政策内涵：政府能够也必须采取一定的措施以提高居民的主观幸福感。邢占军（2011）认为提升国民幸福应当成为各级决策者大力倡导的执政理念，政府通过发展经济和消除贫困能够提高那些收入较低居民的主观幸福感。田国强和杨立岩（2006）认为政府提高非物质需要方面的公共支出、重视社会公平，能够帮助国家走出“幸福—收入之谜”的困境。政府也应该解决具有中国特色的经济问题，以增进居民的主观幸福感，比如完善住房保障制度，通过改善市场供需来推动中国城镇居民家庭拥有大产权住房（李涛等，2011）。针对“二元社会”所造成的幸福差异，政府必须加大户籍改革的力度，帮助外来居民获得户籍并融入城市（陈钊等，2012）。面对老龄化社会的来临，政府通过完善养老保障制度和医疗保障制度来提升老年人的健康水平，从而增进他们的主观幸福感（亓寿伟和周少甫，2010）。

2.5.2 政府、公共政策与我国居民主观幸福感

政府组织以及政策必须努力提升居民的幸福感，但是政府本身就是一个充满争议的组织，它可能失灵。如何使政府失灵最小化以及公共政策应该如何运作是一个具有重要意义的课题。我国近些年大力推进行政体制改革，在重塑政府职能、优化组织体系以及促进行政机制运作更加透明化、民主化和法治化上取得了巨大的成果。2007 年我国的财政支出统计口径和支出结构作出了重大的调整。自此以后，财政支出规模增长十分迅速，大量的财政支出流向社会建设领域。在这一背景下，我国学者对政府制度及公共政策对居民主观幸福感的影响也进行了相关研究。祁玲玲和赖静萍（2013）研究了居民对政府制度质量的主观评价对居民主观幸福感的影响。他们在 2012 年全国基层人大代表换届选举之后的一个星期，对南京市 560 多万合格选民进行随机抽样，共抽取 2399 个随机样本，调查其选举行为等相关问题。研究结果表明，认为政府腐败程度较严重的居民感觉更不幸福，而对政府信任程度高的居民感觉更幸福。陈刚和李树（2012）以政府效率、公共物品供给和财产权利保护三个指标衡量政府质量，结合 2006 年中国综合社会调查数据对我国政府质量与居民的主观幸福感问题进行实证研究，他们发现

地方政府质量显著地影响到了我国居民的主观幸福感，其对居民幸福感的积极效应远远高于经济增长。在衡量政府质量的三个指标中，财产权利保护对居民幸福感的效应最大，其次是公共物品供给和政府效率。为了避免可能存在的内生性问题，他们以被调查者所在城市的市长和市委书记是否属于异地交流任职的官员作为政府质量的工具变量进行研究，政府质量的回归系数依然十分显著。他们还进一步分样本进行了研究，政府质量对低收入家庭居民、农村居民和中西部地区居民的主观幸福感有更为重要的意义。

我国学者对公共支出对居民主观幸福感的影响也进行了探索性的研究。谢舜等（2012）利用 CGSS 2006 数据和各省的公共支出数据进行研究发现，政府支出总额有利于提升我国居民的主观幸福感。然而赵新宇和高庆昆（2013）利用吉林大学“公众幸福指数”课题组对吉林省进行调研的数据，采用有序概率模型进行的研究却发现公共支出对吉林省居民主观幸福感的影响作用并不大。从公共支出结构看，谢舜等（2012）认为地方政府基建投资对城镇居民的主观幸福感有显著的负效应，政府用于科教文卫和社会保障的支出对居民的主观幸福感有显著的正效应。赵新宇和高庆昆（2013）认同科学技术、医疗卫生和教育等分项支出对居民主观幸福感的促进作用。鲁元平和张克中（2010）利用 2001 年和 2007 年世界价值观数据中中国部分数据进行研究发现，政府在教育、医疗和社会保障方面支出的增加对国民幸福有显著的促进作用。他们的实证研究证明了增加政府公共支出对于解决我国“幸福—收入之谜”有明显的效果。胡洪曙和鲁元平（2012）专门研究了公共支出对农村居民主观幸福感的影响，他们认为公共支出是通过影响消费进而影响农村居民主观幸福感的，通过提高社会性支出能够提升农村居民的主观幸福感。农村的穷人十分依赖公共支出，公共支出也应当向穷人倾斜。

政府服务、社会保障和环境状况等公共物品对我国居民主观幸福感的影响也得到了我国学者的关注。第一，居民对公共产品的主观满意度影响居民的主观幸福感。对政府服务满意度越高的居民感觉越幸福（毛小平和罗建文，2012）。孙凤（2007）利用北京统计局的一项调查数据构建结构方程模型进行的研究表明，对政府社会保障满意度越高的居民感觉越幸福。祁玲玲和赖静萍（2013）对南京居民的研究得到了与之类似的结论：对公共产品满意度越高的居民感觉越幸福。Zhai et al.（2010）使用对长春、大连等四个中国东北城市各行业“白领”的调查数据进行的研究表明，对环境越满意的居民感觉越幸福。第二，政府实际供给的公共物品数量和质量影响居民的主观幸福感水平。亓寿伟和周少甫（2010）对医疗保险制度的研究认为，公费医疗显著提高了农村老年人的幸福感，城镇职工医疗保险和合作医疗分别对提高城镇和农村老年人幸福感水平具有积极作用。Smyth et al.（2008）用省人均 SO_2 排放量衡量空气污染水平，对调查获得的 30 个中国城市的近 10000 个居民的主观幸福感数据进行研究表明，空气污染对中国城市居民的主观幸福感有显著的不利影响。

3　政府质量与居民主观幸福感

3.1 问题的提出

当今中国的腐败问题以及反腐行为引起了广泛关注。学术界从多个角度探讨了腐败对经济社会的危害，事实上，腐败的一个直接的危害是它不利于居民的主观幸福感的提升。对于大多数居民而言，生活得幸福即使不是他们的唯一目标，也是最主要的目标（Ng，1996）。主观幸福感已经成为反映民生的重要指标。政府执行公共政策和推进经济增长的最终目的就应该是增加国民的福利。

改革开放以来，中国经济持续高速增长，但却面临着居民“幸福停滞”的困局。对中国1990年至2010年居民主观幸福感状况的分析表明，这一期间居民的主观幸福感不但没有提升，反而还有下降的趋势（Easterlin et al.，2012）。这一观点得到了Li and Raine（2014）等学者的认同。这意味着经济发展还需在更大程度上转化为居民福利水平的提高。这种转化并不是无条件和必然的，政府治理水平、公共支出和公共物品质量都会影响经济增长转化为国民幸福的程度。世界上的多个国家都经历了或者正在经历“幸福停滞”，研究认为提高政府质量有利于帮助国家走出这一困境。近些年来，政府办事效率较低、提供公共物品不力以及腐败问题给居民的工作和生活带来了极大困扰，那么，政府质量是否影响了我国居民的主观幸福感或生活满意度呢？

居民生活得不幸福，经济发展就失去了它应有的意义。我国各级政府的执政理念已经由之前的强调GDP增长转向对民生问题和居民主观幸福感的关注。据统计，我国有一百多个城市在正式场合明确提出“幸福”概念，将“建设幸福城市”列为施政目标。然而，我们对政府应该如何作为以有效地增进居民的主观幸福感还知之甚少。政府掌握公权力，它是一个充满争议的组织。古典经济学派认为，政府能够维持市场秩序并解决市场失灵，然而公共选择学派认为，政府自身也追求利益最大化；政府官员甚至可能采取腐败等行为以追逐私利。定义政府质量十分困难，它主要包括政府技术质量（行政效率、监管质量、法治水平和腐败控制）和民主质量

（民意表达程度、政治稳定程度）两个维度。学者研究发现政府技术质量主要影响发展中国家居民的主观幸福感，而民主质量主要影响发达国家的主观幸福感（Helliwell and Huang，2008；Bjørnskov et al.，2010）。那么，对于我国而言，行政效率和腐败控制等对居民主观幸福感的效应有多大？相关研究非常少。我国的经济是典型的政府主导经济，我国政府不仅垄断了大量资源，而且频繁地进行市场管制和干预，因而，在中国研究政府质量对居民主观幸福感的影响是非常有价值的工作。

3.2 文献评述与理论假说

政府掌握着制度、资源和公共政策，它对居民幸福感有着重要的影响（Veenhoven，1999）。腐败水平低、行政效率高的国家的居民生活得更幸福（Kim，2011）。Helliwell and Huang（2008）是研究政府质量对居民主观幸福感影响的先驱者。他们用世界银行发布的世界治理指数衡量各个国家的政府质量，用每个国家被调查者报告的幸福感均值衡量一国的居民幸福，对 1981 年到 1997 年 4 次世界价值观调查中 75 个国家的混合横截面数据进行实证分析表明，政府质量的差异是造成各个国家居民幸福状况差异的最重要的原因之一。即使控制了各国的人均收入差异状况，政府质量对居民幸福的影响依然十分显著。相比较于其他变量，政府质量的标准贝塔系数（beta）是最大的，即它对居民幸福的影响最大。Ott（2011）认为，好的政府尊重居民权利，维护司法正义，给居民创造更好的医疗、教育条件，减轻社会的不平等水平。在政府质量高的国家中，居民的社会性需求和自我实现需求得到满足，他们能获得积极的自我感觉。他用“国家幸福”（Happiness in Nations）数据，对 2006 年的 127 个国家进行经验分析，研究说明不仅在西方国家，政府质量影响居民主观幸福感，在拉丁美洲国家、亚洲国家和非洲国家等其他地域的不同体制国家，这个逻辑同样适用。

除了世界治理指数外，Bjørnskov et al.（2010）认为，自由之家关于公民自由和政治权利的指数以及 Henisz（1996）构建的限制政策制定权力程度指数等都是衡量制度质量的重要指标，应该将这些指标纳入研究范围。由于制度质量与经济增长高度相关，Bjørnskov et al.（2010）将所有指标与人均 GDP 做回归，以回归残差作为排除与经济增长相关性后真实的制度得分。然后，他们利用主成分分析法将所有衡量制度的指标转化为两个正交的因子——政治制度因子和经济制度因子。利用 1981 年到 2005 年 62 个国家的 5 次世界价值观调查的混合截面数据，他们发现两个制度因子与居民主观幸福感都有显著的正相关关系。

瑞典哥德堡大学的政府质量研究中心针对政府质量与居民主观幸福感展开了一系列研究。Teorell（2009）认为，以往的研究对政府质量的衡量存在问题。只有公正地执行政治权威，政府才能实现它们的目标，因此政府公正性是政府制度最重要的特征。他们定义公正性为“在执行法规和政策的过程中，政府官员不应该考虑没有事先写入政策和法规中的任何特殊情况”。公正的政府降低经济和社会的不稳定性，居民能够低风险地规划生活，并收获幸福。作者根据 529 个公共管理学者的调查获得了 52 个国家的政府公正性指数，并以此对政府质量进行衡量。他们的实证研究表明，在一定情况下，政府质量的提高有利于提升居民主观幸福感。Samanni and Holmberg（2009）用世界治理指数中的行政效率变量、透明国际测度的腐败感知指数以及政府公正性指数三个指标衡量政府质量，选取世界价值观调查中的 90 个 OECD 国家和非 OECD 国家进行研究。他们认为，控制了人均 GDP、收入水平不平等、居民健康状况等多个影响居民主观幸福感的变量后，政府质量对居民幸福的效应依然很显著。

政府质量不仅对居民主观幸福感有直接的影响，它还通过影响社会信任、经济增长和公共支出结构等渠道影响居民的幸福感。

第一，政府质量会通过影响经济增长来进一步影响居民的主观幸福感。政府提供公共治理制度安排，产权保护水平、行政效率等都能影响经济增长。North 等制度经济学者早期的大量研究已经表明政府会影响经济增长。有学者估计，政府质量由一个较低的水平发展到平均水平，人均收入能够扩大三倍（Ott，2010）。丰富的实证研究已经发现经济增长有利于增进居民幸福，尤其是增进发展中国家居民的幸福（Sacks et al.，2010）。Helliwell and Huang（2008）在政府质量与居民幸福的回归模型中加入人均国民收入变量后，虽然政府质量的显著性不变，但是它的系数下降了10%～20%，这充分说明了政府质量对幸福的效应有一部分是通过经济增长来实现的。许多研究认为，经济增长对居民幸福的影响是边际递减的，在发达国家，继续提高人均GDP对幸福的意义并不大。但这不能否认经济增长是影响国与国之间居民幸福感差异的重要因素。对相对贫困的国家来说，为经济增长创造一个良好的制度环境是十分必要的。

第二，政府质量还会通过影响公共支出结构来影响居民主观幸福感。政府在卫生领域的公共支出、给居民提供的健康服务，有利于居民健康水平的提升。大量的研究已经表明健康状况是影响居民幸福的重要因素。加入居民健康变量后，在Helliwell and Huang（2008）对相对贫穷的国家的经验研究中，政府质量系数下降了20%，这说明在发展中国家，政府质量通过影响卫生支出进而影响居民幸福。Mauro（1998）的研究认为，腐败的政府会扭曲公共支出结构，官员倾向于把公共支出投入在能源等容易隐匿腐败的领域，而在卫生等领域投入较少。而一个高质量的政府会保持平衡的公共支出结构，在卫生和教育等领域的公共支出作为收入再分配的重要手段，居民不必付费或者较少付费就能获得医疗和教育服务。社会中的不平等水平、贫困居民的生存压力减小，社会犯罪率降低，整体幸福水平上升。政府质量还会通过其他的中介变量也影响居民幸福。政府质量也影响国际贸易，而Bjørnskov et al.（2010）认为国际贸易反映一个国家与国际的接轨程度和商业前景，能够影响居民的主观幸福感。在他们的研究中，加入贸易开放度、投资价格水平后，政府质量对居民幸福的效应降低。政府质量还能够通过影响失业率、通货膨胀率和犯罪率等影响居民幸福。

第三，政府质量会通过影响社会非正式制度（社会信任）影响居民幸福。Rothstein and Eek（2006）指出，好的政府有利于增进居民间的信任。居民相信廉洁高效的政府能够公正地处理纠纷、惩治不法，相信机构办事人员不会滥用手中的“公权力”与一部分人勾结。信任逐渐成为非正式的“社会规则”推广到人际交往中，社会的信任网络逐步构建起来。民主水平的提高让居民有更多参与社会交往和社会互动的机会，夯实了社会信任网络。Teorell（2009）利用政府公正性指数以及世界治理指数中的行政效率、腐败控制力、法治水平分别衡量政府质量，对 52 个国家进行的实证研究表明，政府质量越高，居民对警察、公务员的信任度越高，人与人之间的信任程度也越高。信任是一种非正式的制度保障，人际间的信任关系能够给居民安全感和归属感。对他人的信任还有助于减少社会摩擦，降低交易成本。信任对居民主观幸福的显著影响在 Leung（2011）等人的实证研究中得到了充分的说明。Samanni and Holmberg（2010）等人的研究都认为社会信任是政府质量影响居民主观幸福感的重要渠道，在研究中如果不控制这个变量将会导致对政府质量效应过高的估计。

我国学者主要研究了收入、收入差距、教育和住房等因素对居民主观幸福感的影响，关于政府质量的研究还有待丰富。祁玲玲和赖静萍（2013）研究了居民对政府制度质量的主观评价对居民主观幸福感的影响。他们在 2012 年全国基层人大代表换届选举之后的一个星期，对南京市 560 多万合格选民进行随机抽样，共抽取 2399 个随机样本，调查其选举行为等相关问题。研究结果表明，认为政府腐败程度较严重的居民感觉更不幸福。本书将利用世界银行对我国政府质量的调查数据和中国综合社会调查数据，研究政府质量对全国居民主观幸福感的影响。

3.3 实证模型、数据来源与变量描述

3.3.1 实证模型

参考 Helliwell and Huang（2008）和 Margit Tavits（2010）等的相关研究，本书采用 Ordered Logit Model 来分析政府质量对居民主观幸福感的影响，实证模型设定如下：

$$Happy_{is} = \alpha Quality_s + \theta X_s + \gamma Micro_{is} + \varepsilon_{is} \qquad (3.1)$$

在模型中，被解释变量 $Happy_{is}*$ 表示 s 市的第 i 个居民的主观幸福感，即被调查者对“总体而言，您对自己所过的生活的感觉是怎么样的呢?”的回答。他们可在数字 1 到 5 之间进行选择，1 表示非常不幸福，5 表示非常幸福①。当 $Happy_{is}*$ 低于临界值 C_1 时，调查者会感到“非常不幸福”，高于临界值 C_1 但低于临界值 C_2 时会感到“不幸福”，依此类推，当 $Happy_{is}*$ 高于临界值 C_4 时会感到“非常幸福”。由于 $Happy_{is}*$ 是潜变量（latent variable），我们无法观察得到这些临界值，但我们能够获得被调查者的回答（$Happy_{is}{}^*$），回答“非常不幸福”时取 1，回答“非常幸福”时取 5，即：

$Happy_{is} = 1$，如果 $Happy_{is}* < C1$

$Happy_{is} = 2$，如果 $C1 \leqslant Happy_{is}* < C2$

$Happy_{is} = 3$，如果 $C2 \leqslant Happy_{is}* < C3$

$Happy_{is} = 4$，如果 $C3 \leqslant Happy_{is}* < C4$

$Happy_{is} = 5$，如果 $C4 \leqslant Happy_{is}*$

在模型（3.1）中，假定 ε_{is} 服从标准正态分布，如果用 ϕ（.）表示其累计分布函数的话，那么被解释变量 $\mathrm{Happy_{is}}$ 的分布可以表达如下：

$$\Pr(Happy_{is} = 1) = \phi(C_1 - X\beta)$$

$$\Pr(Happy_{is} = 2) = \phi(C_2 - X\beta) - \phi(C_1 - X\beta)$$

$$\Pr(Happy_{is} = 3) = \phi(C_3 - X\beta) - \phi(C_2 - X\beta)$$

$$\Pr(Happy_{is} = 4) = \phi(C_4 - X\beta) - \phi(C_3 - X\beta)$$

$$\Pr(Happy_{is} = 5) = 1 - \phi(C_4 - X\beta)$$

鉴于主观幸福感变量的序数性，应该使用 Ordered Probit 或 Ordered Logit 模型进行回归分析。而 Ferrer-i-Carbonell and Frijters（2004）等研究认为，只要回归方程设定正确，将主观幸福感视为

① 1 到 5 意味着数字从小到大依次表示满意度增强，但这只是序数意义上的，例如，我们不能说，5 和 4 之间的差距是 2 和 1 之间差距的两倍。

连续变量（基数）用 OLS 方法回归，参数估计也具有一致性和有效性。本书在使用 Ordered Logit Model 进行研究后，也使用普通最小二乘法估计回归模型。模型（3.1）中，解释变量 $Quality_s$ 表示 s 市的政府质量状况。政府质量包括政府技术质量（行政效率、监管质量、法治水平和腐败控制）和民主质量（民意表达程度、政治稳定程度）两个维度。本书主要从技术质量的角度衡量政府质量，借鉴现有文献的普遍做法，通过对政府效率（包括企业的税费支出、企业在娱乐和旅游上的支出、企业与政府打交道的时间、企业的通关速度）、公共物品供给（工业废物无害化处理率、人均绿地面积、空气质量优良的天数、新生婴儿死亡率）和财产权利保护（企业对合同权利和财产受到保护的信心）三个维度进行因子分析，本书得到了我国城市的政府质量指标。

文献研究认为政府质量可能通过影响经济发展水平来进一步影响居民主观幸福感，所以本书控制了 GDP 变量。向量 $MICRO_{is}$ 表示那些被前人研究证实的、能够影响居民主观幸福感的微观层面的个体特征变量，包括性别、年龄、教育水平、婚姻状况。我国学者认为，相对收入是影响我国居民主观幸福感的关键因素。因此，本书还控制了个人对自己社会经济地位的评价。变量取自于问卷要求被调查者对"在您看来，您本人的社会经济地位属于上层、中上层、中层、中下层还是下层"的回答。ε_{is} 表示该回归模型的误差项。

3.3.2　数据来源与描述性分析

本书使用的数据来自中国人民大学社会学系和香港科技大学社会调查中心合作的中国综合社会调查项目（CGSS），它是学者研究我国居民幸福感、价值观等问题所公认的权威数据。① 本书使用的是 2006 年的调查数据，用它研究政府质量对居民主观福利不平等

① 更详细的信息参见该项目网站：http：//www. cssod. org/index. php。本书数据的使用得到了中国人民大学中国调查与数据中心的授权。本书剔除了数据中的离群值。

的影响问题。它对居民的工作行业、工作性质作了详细的调查，而且它的有效样本包含除西藏、青海、宁夏及港澳台等少数省份之外的22个省（区、市），100多个地级市，样本量大、覆盖地域广泛，具有较高的可信度。本书使用的是市级数据，即研究每个市政府质量对居民主观幸福感的影响。本书的政府质量的数据来自世界银行的调查报告——《政府治理、投资环境与和谐社会：中国120个城市竞争力的提升》。这项调查涵盖了中国120个城市的12400家企业，提供了中国东、中、西不同区域中城市的政府质量方面的详细数据。本书主要参考了陈刚和李树（2012）的做法，从政府效率、财产权利和公共物品供给三个维度合成政府质量指标。由于CGSS 2006的调查未能全部覆盖这120个城市，因此，我们的研究主要针对那些CGSS和世界银行调查都涉及的城市。城市GDP的数据来源于《中国城市统计年鉴》。

“主观幸福感”与“生活满意度”是相同的概念。CGSS 2006不仅从居民主观幸福感的角度进行了调查，也从生活满意度的角度进行了调查。关于生活满意度调查的问题是“总体而言，您对目前的生活状况是否满意”，要求被调查者从“非常满意”、“比较满意”、“不太满意”和“非常不满意”四个选项中进行选择。本书的研究也将“生活满意度”作为被解释变量进行研究，以确保研究的稳定性。CGSS为了更好地反映受访者的生活满意度，还精细地调研了他们对家庭经济情况、家庭关系、人际关系、个人健康状况、住房状况、居住的社区、工作状况这七个方面的满意度。这样的测量更符合心理科学的判断依据范式（吴明霞，2000）。因此，本书还将受访者对这个七个维度的满意度评分加总，构成“满意度指数”，并将它作为被解释变量进行稳健性研究。表3-1给出了居民主观幸福、总体生活满意度和对生活各个方面满意度的统计性描述。从表3-1可知，居民对家庭关系和人际关系的满意度最高，而对家庭经济状况和工作的满意度最低。这表明我国政府必须继续提高政府质量，以防止腐败等行为对经济运行和居民收入的不利影响。

表 3-1 居民主观幸福感和生活满意度的测算以结构性统计

变量名	变量描述	均值	标准差
总体而言，您对自己所过的生活感觉是怎么样呢	1 表示非常不幸福；2 表示不幸福；3 表示一般；4 表示幸福；5 表示非常幸福	3.448	0.712
总体而言，您对目前的生活状况是否满意	1 表示非常满意；2 表示比较满意；3 表示不太满意；4 表示非常不满意	2.677	0.593
对家庭经济状况的满意度	1 表示非常满意；2 表示比较满意；3 表示不太满意；4 表示非常不满意	2.453	0.704
对家庭关系的满意度	1 表示非常满意；2 表示比较满意；3 表示不太满意；4 表示非常不满意	3.114	0.53
对人际关系的满意度	1 表示非常满意；2 表示比较满意；3 表示不太满意；4 表示非常不满意	3.067	0.507
对个人健康状况的满意度	1 表示非常满意；2 表示比较满意；3 表示不太满意；4 表示非常不满意	2.937	0.662
对住房状况的满意度	1 表示非常满意；2 表示比较满意；3 表示不太满意；4 表示非常不满意	2.539	0.761
对所居住的社区的满意度	1 表示非常满意；2 表示比较满意；3 表示不太满意；4 表示非常不满意	2.668	0.642
对工作的满意度	1 表示非常满意；2 表示比较满意；3 表示不太满意；4 表示非常不满意	2.505	0.725
满意指数	对各个满意维度的加总值	19.282	2.848

3.4 实证结果及分析

3.4.1 政府质量对居民幸福感的作用机制研究

表3-2给出了使用CGSS数据对计量模型（3.1）的估计结果，主要考察政府质量对我国居民主观幸福感的影响。表3-2的第（1）列是运用Order Logit Model的回归结果，政府质量在显著性为1%的水平上有利于我国居民主观幸福感的提升。表3-2的第（2）列运用普通最小二乘法的回归也表明，政府质量对居民主观幸福感有极大的促进作用。高的政府质量提供良好的制度环境，维护公平和正义，能够提升社会整体福利水平。政府政策密切地影响着居民的生活，高的政府质量是政府政策公正性和有效性的保证。我国居民对政府的依赖性较强，国家转型中出现了腐败和公共产品供给不足（比如环境恶化）等问题，政府质量的提升对我国居民主观幸福感的提升具有十分重要的意义。从理论上来说，首先，政府质量的提升促进了经济增长，促使居民形成对未来收入增长的乐观预期。经济增长目前仍是促进我国居民主观幸福感提升的关键因素（邢占军，2011）。其次，提升政府质量有助于规范我国的财政支出行为，促进我国公共支出效率的提高和结构的优化，从而有效缓解收入不均等和机会不均等问题。不均等对居民幸福感的负面影响在何立新和潘春阳（2011）、王鹏（2011）以及张学志和才国伟（2011）的研究中早已得到证实。最后，提高政府质量有利于增加居民对政府的信任水平以及社会信任水平。制度信任和社会信任能降低市场交易成本并增加社会运行的流畅度，还能够缓解人的孤独感从而增加居民主观幸福感。政府质量的提高还能通过提高贸易开放度、减少犯罪等方式促进居民主观幸福感的提升。表3-2的第（3）列以居民对家庭经济情况、家庭关系、人际关系、个人健康状况、住房状况、居住的社区和工作状况七个方面满意状况的累加值，即“满意度指数”为被解释变量，实证结果表明政府质量的提升显著地增加了对生活各方面的满意度。表3-2的第（4）列以

居民在总体上对生活满意状况的综合评价，即“生活满意度”为被解释变量，结果表明政府质量对居民生活满意度有显著的正向影响。

表 3-2 **政府质量对居民主观幸福感的影响研究**

	主观幸福感 Order Logit（1）	主观幸福感 OLS（2）	满意度指数 OLS（3）	生活满意度 OLS（4）
政府质量	1.441*** (0.299)	0.417*** (0.096)	2.333*** (0.347)	0.503*** (0.080)
GDP	0.067 (0.1)	0.034 (0.032)	0.416*** (0.135)	0.091*** (0.029)
家庭收入	0.318*** (0.052)	0.098*** (0.017)	0.454*** (0.065)	0.102*** (0.014)
教育水平	0.055*** (0.013)	0.017*** (0.004)	0.071*** (0.016)	0.011*** (0.003)
年龄	-0.131*** (0.022)	-0.041*** (0.007)	-0.100*** (0.028)	-0.019*** (0.006)
年龄平方	0.01*** (0.000)	0.000*** (0.000)	0.001*** (0.000)	0.000*** (0.000)
参照变量：离异				
未婚	0.358 (0.256)	0.133 (0.088)	0.267 (0.307)	0.025 (0.068)
已婚	1.404*** (0.22)	0.467*** (0.077)	0.768*** (0.257)	0.106* (0.058)
丧偶	0.515 (0.337)	0.175 (0.114)	0.325 (0.415)	0.017 (0.092)
参照变量：自认为社会经济地位处于下层				
中下层	0.571*** (0.085)	0.202*** (0.028)	0.857*** (0.109)	0.194*** (0.025)

续表

	主观幸福感 Order Logit (1)	主观幸福感 OLS (2)	满意度指数 OLS (3)	生活满意度 OLS (4)
中层	1.19*** (0.097)	0.392*** (0.031)	2.166*** (0.119)	0.364*** (0.026)
上层	1.361*** (0.238)	0.423*** (0.081)	2.360*** (0.304)	0.385*** (0.065)
其他控制变量	YES	YES	YES	YES
_ cons	※	0.183 (0.654)	9.248*** (2.544)	0.131 (0.546)
变量数	3582	3582	3582	3582
R2	※	0.157	0.204	0.149
F	※	28.246	45.248	30.717

注：本表给出的是主观幸福感对各解释变量的 Order Logit 和 OLS 回归估计系数；圆括号中的值为稳健性标准误（robust standard error）；***、**、*分别表示在1%、5%及10%水平下显著。※表示由于 Order Logit 的估计方法与 OLS 不同，它没有汇报相关值。

本书从政府效率、公共物品供给和财产权利保护三个角度衡量政府质量，它们分别对居民的主观幸福感也有重要的影响。政府效率的提高意味着腐败行为的减少且对居民主观幸福感有显著的提升作用。腐败行为对于资源的不公平攫取获益往往限于少数掌权者，这些人即使获益也要想方设法隐匿收益以避免被曝光。腐败侵害了大多数居民的权益，他们平等获利的机会被剥夺，被排除在利益分配格局之外。社会各方面运作效率低下，资本成本增加和私人部门激励下降，直接危害公众的生活品质。通过减少腐败行为来提升政府质量能够极大地促进居民主观幸福感的提升。在我国社会转型的过程中，还出现了公共物品供给严重不足的现象。由于经济高速增长，环境等公共物品的质量大幅度下降，空气污染和水源污染等对居民生活造成了极大的困扰，因此，我国现阶段提高公共物品供给的数量和质量能够增进国民幸福水平。财产权利是一项基本的权益，通过完善对居民财产权利的保护来提升政府质量，比如，提高司法体系的效率能够为居民提供安全感，从而提升他们的幸福感。

本书关于其他控制变量的研究结果与已有的幸福经济学文献一脉相承。居民的受教育水平越高，他们的收入预期和健康状况也越高，因而表现出较强的幸福感。年龄对居民幸福感的影响呈倒U形，表明我国中年人的幸福感最低，这可能由于他们承受着较大的生活压力。有伴侣或者已婚人士的幸福感高于离异的人，因为他们的归属感和认同感更强。尽管家庭收入对居民主观幸福感的边际影响小于政府质量，但它对居民幸福感有显著的促进作用。相对收入也影响了我国居民的主观幸福感，居民报告的幸福程度与他们自评的社会经济地位呈正相关。提高政府质量有利于为居民提供更好的教育公共品，增加贫困群体的收入，减少居民的生活压力，从而增加他们对生活的满意度。

3.4.2 政府质量对居民主观幸福感的影响：区域差异

政府质量包括政府技术质量和民主质量两个维度。参考Helliwell and Huang（2008）、Ott（2011）和Bjφrnskov et al.（2010）的做法，政府的技术质量主要包括行政效率、监管质量、法治水平和腐败控制水平，政府民主质量主要包括民意表达程度和政治稳定程度。政府民主质量对相对富裕（人均收入高于美国1995年人均收入水平的一半）的国家更重要，而技术质量对相对贫穷的国家更重要（Helliwell and Huang，2008）。Ott（2011）认为人均GDP达到7000美元（经2006年购买力调整）是分界点，政府民主质量主要影响GDP大于7000美元的国家，而政府技术质量主要影响GDP小于7000美元的国家。Bjørnskov et al.（2010）在研究中也指出，只有当一个国家的大部分居民摆脱了贫困，民主质量才发挥出作用，在那之前，技术质量的作用更大。我国是发展中国家，应充分考虑政府技术质量的作用。本书主要从财产权利、政府效率和公共物品等角度衡量政府技术质量。然而，我国存在严重的区域发展不均衡问题，东部地区的经济发展水平非常高，其人均GDP已经接近发达国家的水平。中部和东北地区的人均GDP相当于东部地区的3/4，而西部地区还不足东部地区的2/3。那么，政府技术质量是否还影响东部地区居民的主观幸福感呢？东部与中西部地区在制度环境、市场化进程及地理条件上的差异也很大。本书将样本分为东部地区和中西部地区，分别研究政府质量对居民主观幸福感的影响。

表3-3的第（1）列表明，政府技术质量对东部地区居民主观

表3-3　　**政府质量对居民主观幸福感的影响：区域差异**

	东部地区 主观幸福感 （1）	中西部地区 主观幸福感 （2）	东部地区 满意度指数 （3）	中西部地区 满意度指数 （4）
政府质量	-0.047 （0.199）	0.551*** （0.114）	1.474* （0.767）	2.595*** （0.389）
GDP	-0.088 （0.055）	0.103** （0.040）	-0.356 （0.221）	0.989*** （0.172）
家庭收入	0.123*** （0.025）	0.110*** （0.024）	0.472*** （0.097）	0.594*** （0.088）
参照变量：自认为社会经济地位处于下层				
中下层	0.199*** （0.042）	0.203*** （0.036）	0.827*** （0.166）	0.872*** （0.140）
中层	0.329*** （0.045）	0.423*** （0.043）	2.197*** （0.181）	1.946*** （0.157）
上层	0.394*** （0.078）	0.405** （0.157）	2.004*** （0.384）	2.664*** （0.515）
其他控制变量	YES	YES	YES	YES
N	1617	1965	1617	1965

注：本表给出的是主观幸福感对各解释变量的Order Logit和OLS回归估计系数；圆括号中的值为稳健性标准误（robust standard error）；***、**、*分别表示在1%、5%及10%水平下显著。※表示由于Order Logit的估计方法与OLS不同，它没有汇报相关值。

幸福感的影响不显著，而第（2）列表明，政府质量在1%的显著性水平上影响中西部地区居民的主观幸福感。表3-3的第（3）列和第（4）列使用居民对生活各方面满意程度的累加值作为被解释变量进行回归，回归结果与第（1）列和第（2）列表现出一些差别。主要差别在于政府质量对东部地区居民的整体生活满意度仍然有显著的正向影响，只是显著性水平较低。这表明，政府质量对东部居民生活某些方面的满意程度仍然有一定的促进作用，但是在提升政府技术质量之时，我们也要开始重视民主质量对东部居民幸福感的影响。民主的政治制度赋予居民言论和参与自由，为他们提供了表达自身意愿和影响政治过程及政策结果的工具，居民能从中获得“程序效用”。政府理念与居民理念的共鸣性也能增加居民的主观幸福感。对我国中西部地区的居民而言，当前最重要的仍然是提升政府的技术质量。提升技术质量能够促进中西部地区经济发展水平的继续提高，从而增加居民的主观幸福感。提升政府技术质量也能够有效保证中西部地区的发展质量，让它们走可持续发展的道路，减少因腐败和环境污染等造成居民幸福损失的可能性。同时，提升技术质量，还能够为民主质量对居民幸福感的促进作用奠定良好的基础。

3.4.3 政府质量对居民主观幸福感的影响：异质性

政府质量对具有不同特征的居民群体的影响可能表现出异质性。收入较低的居民和收入较高的居民的行为模式有较大差异，本书依据家庭收入，将居民分为高收入组和低收入组，并构造了政府质量和低收入组的交乘项。表3-4的第（1）列和第（2）列表明，政府质量对低收入居民主观幸福感与生活整体满意度的影响显著地大于对高收入居民的影响。政府质量的提高能够从多方面提升低收入居民的主观幸福感或生活满意度。第一，提高政府质量能有效促进经济发展进而提升居民的收入。第二，提高政府质量能优化财政支出行为和结构，增加医疗、社会保障等支出，从而增加居民的实际收入。第三，提高政府质量能提高社会流动性，给低收入者提供更多增加收入的机会。而高收入居民的基本生活需求已经得到满足，只有赋予他们更多的民主权利，他们才会感觉更幸福。农村居民和城市居民所面对的社会经济条件有极大的不同，本书还将居民分为农村居民和城市居民，构造了政府质量和农村居民的交乘项。表3-4的第（1）列和第（2）列表明，政府质量对农村居民主观幸福感与生活整体满意度的影响显著地大于对城市居民的影响。政府质量的提高有利于增加农村居民的收入，满足他们的物质性需求，从而增进他们的主观幸福感。城市居民的非物质性需求更强，除了重视政府技术质量，还需重视政府民主质量对其幸福感的影响。

表3-4 **政府质量对居民主观幸福感的影响：异质性**

	主观幸福感 (1)	满意度指数 (2)	主观幸福感 (1)	满意度指数 (2)
政府质量	0.152 (0.154)	1.235** (0.588)	0.049 (0.138)	0.740 (0.522)
政府质量×较低收入	0.396** (0.176)	1.624** (0.683)		
政府质量×农村居民			0.709*** (0.175)	3.069*** (0.670)
低收入群体	−0.353*** (0.105)	−1.370*** (0.417)		
农村居民	0.036 (0.034)	1.088*** (0.131)	−0.361*** (0.109)	−0.591 (0.428)
其他控制变量	YES	YES	YES	YES
N	3582	3582	3582	3582

注：本表给出的是主观幸福感对各解释变量的 Order Logit 和 OLS 回归估计系数；圆括号中的值为稳健性标准误（robust standard error）；***、**、*分别表示在1%、5%及10%水平下显著。※表示由于 Order Logit 的估计方法与 OLS 不同，它没有汇报相关值。

3.5 本章小结

本章利用世界银行调查数据和中国综合社会调查2006年的数据研究了政府质量对我国居民主观幸福感的影响。研究发现：首先，政府质量对我国居民主观幸福感有显著的正向影响，它主要通过促进经济增长、增强社会信任和优化公共支出结构等方式影响我国居民的主观幸福感。其次，政府质量可以被分为政府技术质量和政府民主质量两个维度，政府技术质量主要影响我国中西部地区居民的主观幸福感，而政府民主质量主要影响我国东部地区居民的主观幸福感。最后，政府技术质量影响低收入和农村居民的主观幸福感，而政府民主质量影响高收入和城市居民的主观幸福感。

幸福是重要的生活目标，主观幸福感已经成为反映民生的重要指标。提高政府质量能够提升居民的主观幸福感，政府也有责任努力为居民的幸福生活创造条件。世界银行等机构和学者认为，提高制度的透明化和民主化、引入竞争、完善法治建设等能够有效提高政府质量。我国存在区域发展不平等问题。在东部地区，政府必须提升民主质量，满足居民的非物质需求以增进居民的主观幸福感。而在中西部地区，政府必须提升技术质量，满足居民的物质需求以增进居民的主观幸福感。提升政府民主质量，主要是增进收入较高居民和城市居民的主观幸福感；提升政府技术质量，主要是增进收入较低居民和农村居民的主观幸福感。对政府质量与居民幸福之间关系的研究也受到一些质疑。一方面，有可能存在“用脚投票”机制，那些更幸福的人会选择到政府质量高的国家生活，也就是说，回归方程中存在反向因果关系。然而事实上，一个国家的制度在缓慢地演进，它是相对稳定的。而国家内居民的幸福状况并不那么稳定，存在一定程度的变异。因此，反向因果关系是不成立的。另一方面，政府质量对居民幸福的影响渠道无法被完全控制，比如公共政策绩效、政治参与度等变量，这些变量难以衡量，数据也难以获得。这些问题可以通过采用更准确的面板数据，控制国家的固定效应来缓解。

4　政府质量与居民主观幸福感不平等

4.1 问题的提出

从2004年到2015年的10年间，我国国家公务员考试报名人数从12万飙升至140多万，招录比例从15∶1降到70∶1。各省市的公务员招考也出现了与国家公务员考试同样火爆的场面，报名人数直线上升，竞争激烈程度逐年加大。公务员作为公共行政、公共管理和公共服务的主体，在“层级化”的结构中掌握着一定的权力。通过公务员考试转换身份、改变命运、实现理想，成为数百万计的青年人重要的人生选择。众人争相报考公务员有利于政府部门吸纳人才，提高政府的执政能力。然而，将它放在整个社会职业结构中进行考察，我们发现，“公务员热”实质上是人力资源以竞争的方式向公共部门聚集。“非生产部门”的公共部门若积聚过多的精英，可能会造成其他部门创新能力的减弱。求职者进入政府机构工作的强烈意愿与近几年社会就业压力的不断增大有关，更与附着在公共职位上的社会、经济利益以及声望、荣誉有极大的关系。相对于私营企业等竞争性部门提供的就业岗位，公共部门的职位在职业稳定性、收入等方面的优势十分明显。

公共部门的职工福利过高造成的社会不公平问题引起社会各界的广泛关注。学者对部门间收入不均演进的轨迹以及其形成的原因进行了详细的分析（张原和陈建奇，2007；Demurger et al.，2009）。他们发现，人力资本对我国劳动者的收入不起主导作用，所有制因素是导致收入差异的重要原因。公务员收入分配的实际情况非常复杂，“工资薪酬”并非公共部门职工唯一的实际收入，他们很可能还享有其他隐性的津贴和福利待遇。相对于其他社会一般行业的职工，公务员薪酬的“含金量”也明显更高。更值得注意的是，公务员利用职务优势、信息优势以及审批权、处罚权等权力衍生出多重隐性收益。利用公权力获得的“租金”等超额收益的机会可能才是隐藏在“公务员热”背后的逻辑。如何缓解社会不平等，缩小公共部门职工与非公共部门职工的职业福利差距？党的十八大以来，中共中央大力反腐，出台了“八项规定”等约束公职人员的行为。随着反腐工作的纵深挺进，反腐形势日趋清朗，取得了重大成效。公职人员贪腐风险加大，官商勾结的利益链被斩断，行政权力“设租”和“寻租”的空间被极大压缩。腐败的减少实际上意味着政府质量的提升，那么提升政府质量是否有效缩小了公共部门和非公共部门的福利差距？

现有文献主要从工资收入等角度进行研究，由权力衍生的利益并没有纳入考量的范围。这些利益十分隐秘，研究者难以具体地捕捉到它。作为衡量福利水平的新方法，“个人汇报的主观幸福感”能很好地解决这一问题。公务员与其他人的主观幸福感差距全面地衡量了职业福利不平等状况。我们利用这种方法极大地推进了已有文献的研究。以之为基础，本书在“委托代理”的框架下，视国民为最终委托人来研究公共治理问题：政府制度是否能有效地限制公务员追逐私利和寻租，从而缩小他们与其他部门从业者的职业收益差距？政府治理水平决定公务员以最小的成本满足居民的偏好，即提供公共物品和公共服务的动机。另外，它对公务员的行为进行一定程度的限制以确保他们能够负责任地工作。

4.2 文献评述与理论假说

公共部门的岗位以工作稳定性和福利可靠性为特征。在以营利为目的、自负盈亏、自担风险的私营企业等非公共部门工作的就业者，面临市场经济规则下的不确定性。他们承担着“失业”等风险，感觉缺乏保障，缺少安全感。我国劳动相关法规和制度尚不健全，对企业职工的职业合法权益的保护也不够充分。随着经济的发展，我国居民的收入在整体上有所提升，但是收入在部门间分化，公共部门职工的收入更高。1995—2002 年，我国政府机关等非竞争部门和竞争性部门的劳动收入（基本工资、奖金、津贴和补贴、其他工资和其他劳动收入）差距从 10%～20%增大到 40%～60%（Demurger et al.，2009）。2002—2007 年，部门间职工工资差距有所缩小，但是差距仍然显著存在（Demurger et al.，2012）。张原和陈建奇（2007）认为国有部门的津贴和补贴收入在总量和增幅上都明显高于其他所有制部门，以医疗保险和公费医疗覆盖面为指标的“健康收入”也超过其他部门，工作时间和强度却低于非国有部门。党的十八大以来，中央不仅大力治理贪腐，而且对公职人员工资和养老保险进行改革。在完善工资制度的同时，对公共部门违规发放津贴补贴或福利也进行了整治。

工资、奖金等收入只是政府部门职工福利的一部分，他们可能还享有其他福利，比如，官员在子女教育、亲属从商、对某些稀缺物品或机会的获得方面以及福利保障和住房、医疗、交通等方面享有特殊优待。近几年，非公共部门的工资涨势十分迅猛，就工资等收入来看，部门间的差距不再明显。国有部门的工资被认为是“虚低”，因为显性收入只是职业福利的冰山一角。单纯从工资等收入的角度调节社会不平等无异于杯水车薪。以腐败等隐性形式和福利待遇等间接形式存在的职业收益差异急需研究者的关注。如何衡量包含租金和福利的总体职业福利差异是一个巨大的问题，也是现有文献停留在分析工资等收入差距的重要原因。Luechinger et al.（2013）提出了解决该问题的一种方法：以公务员和私营部门职工汇报的主观幸福感的差异衡量职业福利差距。主观幸福感是“经验的效用”，可以被视为个人福利的近似值（Frey et al.，2009）。如果公务员比其他人报告更高的主观幸福感，高出的部分可以被解释为效用补贴（utility premiums），包括工资差异、货币形式的其他收益或者以非货币形式存在的收益等。这种差异很可能是由公务员的垄断性地位或者他们寻租造成的。与传统的研究方法不同，主观幸福感方法的优势在于它能够衡量政府部门职工与私营部门职工总的净效用差异。该方法也为我们进一步分析部门间福利不平等的形成机理以及怎样缓解不平等状况提供了有利的视角。

公共部门职工之所以可能获得效用补贴，是因为该部门掌握公共权力。公务员作为“代理人”，被赋予一定的自由裁量权以便开展工作，因而拥有了“非正常使用权力”的机会。政治经济学的观点认为，公务员有积极获取租金的动机并且试图隐匿这种行为（Frey and Stutzer，2010）。寻租活动阻碍资源的有效配置，导致市场的扭曲，造成帕累托次优状态。官员多重的寻租机会与行政体系多重的"委托—代理"结构是相应的，比如公民与公务员之间有委托代理关系，行政体系的上级和下级有委托代理关系等。第一，公共部门的多任务性（multi-tasking）导致激励代理人与其监管者利益一致机制的失效（Dixit，2002）。由于政府部门产出的非市场性，很难对多维度的目标加以衡量或考核。公共部门还存在共同代理问题——全体公民或各个利益集团等多个委托人偏好各不相同，他们都试图影响代理人的行为（Tirole，1994）。行政组织结构的这些特性导致公务员追逐私利比严格地执行代理目标给他们带来的效用更大。第二，代理人更接近具体事务，具有信息优势，委托人无法完全监督他们。信息不对称导致代理人可以通过预算软约束等方式实现私人的目标（Niskanen，1971）。第三，公共部门有制定规则的权力并且掌握着实施公共政策的手段，这样很容易滋生寻租活动。当利益集团将租金合法化时，公务员可能会分享这些租金。政府在执行政策时还可能产生产权，公务员能够出售该产权并获得私利。

我国正处于社会转型时期，政府对市场的干预比较多，管制还比较严。公共权力异化、为部门或私人牟利的现象时常出现。在中国的分权体制下，地方政府对地方事务有较大的自主权。地方政府官员与中央政府和辖区居民等"委托人"的偏好不完全一致，而他们具有信息优势和资源支配权，可能在地方结成利益共同体或者以权谋私（王永钦和丁菊红，2007）。国家通过机制设计等方式减少"委托—代理"结构的弊病，比如，建立政府内部各机构相互之间的制衡关系，以司法机关等监督公务人员的行为，等等。它们的成效与政府的治理水平息息相关。政府制度对公务员施加一定的约束，以保证他们手中的权力用于公共利益而非私人利益的实现。政府治理水平或政府质量（quality of government）① 的提高缩小了权力不对称和信息不对称，压缩了公务员的"租金"。随着制度的

① 世界银行将政府质量定义为国家权威实行的惯例和制度，包括政府被选举、监督和更替的程序，政府有效制定和执行正确政策的能力，公民的尊重以及控制经济社会事务的制度状态等（Kaufmann et al.，1999）。

完善，政府权力得到限制，政府职能合理定位，政府规模也被控制在适宜的程度。一套合理、有效、规范的治理体系能够有效地限制各个层级公务员的寻租行为，避免其滋长特权意识和获取高于私营部门职工的权利（Luechinger et al.，2013）。完善的监督机制制约政府权力的执行，提高寻租的成本，加大政治创租的风险。如果公务员违反法律或者既有的规则，则对之进行严厉的制裁。较高质量的政府内部还有有效的执行机制以确保行政系统的运行效率，从而从根本上遏制政府部门职工进行权力寻租。

政府的治理水平高，居民的合法权益不被侵犯，他们报告的主观幸福感也越高。政府质量通过影响经济增长、收入分配、社会信任等方式影响居民的主观幸福感（陈刚和李树，2012）。好的政府尊重居民，维护司法正义，给居民提供优质高效的公共服务，保障他们的公共资源权利。清廉的政府权衡各个领域的公共支出，保证合适的民生性支出比例，从而降低社会不平等水平（Ott，2011）。官员减少寻租活动，居民才能低成本和高效率地追逐目标并且感觉到社会的公平和正义。综合以上几个方面，高质量的政府让居民对生活充满信心，对未来有良好的预期，表现出较高的主观幸福感。政府质量的提高能减少公务员获得的超额收益并保证其他部门职工的权益，从而减少公务员与其他部门的从业人员在主观幸福感上的差异。在我国，政府质量的提升是否能够减少公务员和其他人主观幸福感的不平等性？本书将在理论模型部分和实证分析部分对这一问题进行分析。

4.3 模型、数据来源与描述性统计

4.3.1 理论模型

根据上文的分析，我们可以建立如下的理论模型。官员可以使用预算 B 提供 G 单位的公共物品，他们从中可以获得的租金为 $R = B - G$。寻租被抓获的可能性为 $\pi \in [0, 1)$，在这种情况下，官员

得不到任何租金，并且面临 P 单位的罚款。概率 π 受监督机制完善程度的影响。因此，π 可以被视为政府治理水平或者说政府质量的代理变量。

居民的效用函数是 $u(G)$。官员的效用函数是 $W(G, R) = \alpha u(G) + (1-\alpha)(1-\pi)v(R) - \pi P$，$u'(G) > 0$，$u''(G) < 0$，$v'(R) > 0$，$v''(R) < 0$。

官员的效用最大化函数为 $\max_G w(G, 1-G)$。一阶导数条件为：

$$\alpha u'(G) - (1-\alpha)(1-\pi)v'(R) = 0$$

$$<=> u'(G) = \frac{1-\alpha}{\alpha}(1-\pi)v'(R)$$

假如存在角点解，根据一阶条件以及 $u(G)$ 和 $v(R)$ 都是凹函数，公共物品最优供给量 $G*$ 是唯一的，并且是 α 和 π 的增函数。最优的租金 $R* = B - G*$ 是 α 和 π 的减函数。因此，较高的治理水平或者说较高的政府质量导致更多的公共物品供给和更少的寻租。

本书的实证分析关注官员和其他部门职工的主观幸福感差异，即效用差异

$$\begin{aligned}\Delta(G, R) &\equiv w(G, R) - u(G)\\ &= (1-\alpha)[(1-\pi)v(R) - u(G)] - \pi P\end{aligned}$$

根据以上的分析，$\Delta(G*)$ 是 π 的减函数。这个分析框架告诉我们，政府治理水平越高，公务员与其他部门的从业人员的幸福感差距就越小。

4.3.2 实证模型

参考 Frey and Stutzer（2010）和 Luechinger et al.（2013）等的相关研究，本书以公务员和其他部门职工主观幸福感的差异衡量“租金”。这种衡量方法能够捕获公务员得到的总净收益，比如他们在公共资源上享有优先权、获得更为丰厚的津贴等。为了分析政府质量如何影响公共部门职员与其他人主观幸福感的差异，本书的实证模型设定如下：

$$SWB_{ij} = \alpha \cdot 1\,(publicadm)_{ij} + \beta \cdot 1\,(publicadm)_{ij} \cdot G_j + \gamma ConVars_{ij} + \xi_{ij} \tag{4.1}$$

在模型中，被解释变量 SWB_{ij} 表示 j 市的第 i 个被调查者的主观幸福感。调查时的问题是“总体而言，您对自己所过的生活的感觉是怎么样的呢”，要求被调查者从数字 1 到 5 之间进行选择，1 表示非常不幸福，2 表示不幸福，3 表示一般，4 表示幸福，5 表示非常幸福。Ferrer-i-Carbonell and Frijters（2004）等研究指出，只要回归方程设定正确的话，那么无论是将主观幸福感视为连续变量（基数）用 OLS 方法回归，或者是将其视为有序变量（序数）用 Ordered Probit 或 Ordered Logit 模型回归，其参数估计的方向和显著性上都有相一致，两个方法之间并无优劣之分。为了分析的便捷，本书假定主观幸福感变量是基数的，并且使用普通最小二乘法估计回归模型。

$1\,(publicadm)_{ij}$ 是虚拟变量，如果居民就职于公共管理部门，该变量取值为 1，否则为 0。G（governance）是政府质量变量。借鉴 La Porta et al.（1999）、Alesina and Zhuravskaya（2010）等文献的普遍做法，本书主要从政府效率、公共物品供给和财产权利保护三个维度来刻画中国的政府治理水平。沿用陈刚和李树（2012）的研究方法，我们对这三个维度进行主成分分析构建出中国地方政府治理指标体系。

由于本书以主观幸福感差异衡量职业福利差异，因此本书控制了被调查者的工作特征：全职就业、半职工作还是临时就业。向量 ConVars 中还包括那些被前人研究证实的、能够影响居民主观幸福感的宏观变量和微观变量。微观变量包括 j 市的第 i 个被调查者的性别、年龄和教育程度。它还包括婚姻状况是从未结婚、已婚、离婚或者丧偶；健康状况是非常好、比较好、比较差或者非常差；对未来的预期是好、一般或者差。在基本回归中，我们并没有控制收入、福利保障等变量，因为它们都可能是获得“租金”的途径。如果这些与工作性质相关的变量保持不变，公务员所获得的租金可能被低估。人均 GDP 和城市化率水平等宏观社会经济变量也会影响公共部门职工与其他人员的主观幸福感差异。人均 GDP 能衡量很多可能影响地方政府质量的因素，比如居民受教育程度、社会资本以及能够在部门间转换的资源量。它还反映了公务员可能从中受益的经济规模。城市化水平也能反映一个地方的综合经济实力。相对于其他职工，公务员工作的稳定性更高，因此反映地方经济水平的变量都可能影响他们的主观幸福感差异。ε_{is}表示该回归模型的误差项。我们的实证策略类似于倍差（difference in difference）估计法，从两个层面比较职工的福利差异：第一，比较政府治理水平较高地区和较低地区的公共部门员工福利差异；第二，比较公共部门和非公共部门员工的福利差异。回归方程中的 β 是我们的主要关注变量，它能够识别政府治理如何影响公共部门职工与非公共部门职工的福利差异，这种影响不受部门间主观福利差异以及治理水平与居民主观福利关系的影响。

4.3.3 数据来源与描述性分析

本书使用的数据来自中国人民大学社会学系和香港科技大学社会调查中心合作的中国综合社会调查项目，该项目是学者研究我国居民幸福感、价值观等问题所公认的权威数据。① 本书使用的是2006 年的调查数据，用它研究政府质量对居民主观福利不平等影响的问题。该项目对居民的工作行业、工作性质作了详细的调查，而且它的有效样本包含除西藏、青海、宁夏及港澳台等特殊省份之外的 22 个省（区、市），100 多个地级市，样本量大、覆盖地域广，具有较高的可信度。

本书使用的是市级数据，即研究每个市的政府质量对居民主观幸福感的影响。由于在具体的实证回归中，有些样本在关键变量比如主观幸福感、工作行业等上存在缺失值，我们将这些样本剔除。人均 GDP 以及用于计算城市化率的非农业人口数和总人口数的数

① 更详细的信息参见该项目网站：http：//www. cssod. org/index. php. 本书数据的使用得到了中国人民大学中国调查与数据中心的授权。本书剔除了数据中的离群值。

据均来源于《中国城市统计年鉴》。政府治理水平的数据来自世界银行 2007 年发布的《政府治理、投资环境与和谐社会：中国 120 个城市竞争力的提高》研究报告。

利用处理后的数据，我们初步分析了公共部门与非公共部门职工的职业福利差异。如表 4-1 所示，公共部门的就业者的平均福利水平为 3.599，高于非公共部门的就业者。与之相对应的是，他们的收入水平高出了 6591 元。官员还可能利用公权力为自己的家人谋福利，因此，他们的家庭收入水平也高于其他部门的职工。在基本社会保障方面，公共部门职工与非公共部门职工的差距相当大。前者比后者在基本医疗保险和基本养老保险的覆盖率上分别高出 134.85%和 118.44%。随着房价的持续增长，住房问题困扰着许多居民，53.5%的公务员享受到了住房补贴，而这一数值在私人部门仅为 19.6%。部门间各项福利不平等现象相当严重，在本书经验分析部分，我们将引入政府质量变量，利用实证研究模型对这一问题进行更深入的探讨。

表 4-1　　**公共部门与非公共部门职工福利不平等**

	公共部门职工		非公共部门职工	
	均值	标准差	均值	标准差
主观福利	3.599	0.704	3.425	0.703
个人收入	18447.86	27542.42	11856.73	13996.87
家庭收入	36032.74	38964.41	25936.34	38169.63
基本医疗保险	0.775	0.418	0.330	0.470
基本养老保险	0.758	0.429	0.347	0.476
住房补贴	0.535	0.499	0.196	0.397

4.4 实证回归结果与分析

4.4.1 政府治理对公共部门与非公共部门主观福利差距的影响分析

表4-2给出了使用CGSS数据对计量模型（4.1）的估计结果，主要考察政府治理对公共部门与非公共部门主观福利差距的影响。该表的第（1）列在控制个人特征的情况下，考察了公共部门职工与非公共部门的主观福利差异。① 实证研究结果表明，公共部门劳动者的主观福利显著高于其他部门的劳动者。张原和陈建奇（2007）以及Demurger et al.（2012）等学者的研究表明，我国国有部门就业者的收入高于其他部门，本书在他们研究的基础上进一步发现部门间职工福利水平存在差异。政府处于“垄断”地位，掌握公共权力，管理社会经济事务。作为一个组织机构，政府有其自利性，它能够通过扩大财政预算开支、扩大机构成本等方式实现自身效用的最大化。行政权力和资源可能成为官员之间以及官员和社会之间进行利益交易的手段和资本。官员作为“代理人”，本应维护公众的权利，但在实际运作中，由于监督与竞争机制缺失，受自利性驱动，官员就会以资源配置权为依托，利用行政机构（代理人）与公众（委托人）之间的信息不对称进行寻租，导致“委托—代理”失灵。私人部门的职工在获得公共服务上处于相对不利的地位，他们甚至为此必须负担一定的成本，比如，要花费时间去与公共部门打交道。若官员有权力寻租的动机，私人部门的职工为此必须付出极大的代价。综上，公务员的主观福利水平高于其他部门职工。

① 个人社会经济特征等控制变量的估计结果与现有文献研究的发现一致，在正文部分本书不进行具体分析。

表 4-2　**政府治理与公共部门—私人部门的主观福利差异**

被解释变量：主观福利	(1)	(2)	(3)	(4)
政府质量		0.420*** (0.091)	0.346*** (0.096)	0.360*** (0.097)
公共部门	0.075** (0.035)	0.426** (0.207)	0.419** (0.206)	
政府质量×公共部门		-0.620* (0.360)	-0.617* (0.359)	
宏观经济变量				
城市化			-0.303*** (0.109)	· ·
GDP			0.133*** (0.042)	0.118*** (0.044)
个体特征变量				
教育水平	0.026*** (0.004)	0.027*** (0.004)	0.026*** (0.004)	0.028*** (0.004)
年龄	-0.036*** (0.006)	-0.036*** (0.006)	-0.035*** (0.006)	-0.036*** (0.007)
年龄平方	0.000*** (0.000)	0.000*** (0.000)	0.000*** (0.000)	0.000*** (0.000)
参照变量：女性				
男性	-0.042** (0.021)	-0.041* (0.021)	-0.040* (0.021)	-0.035 (0.022)
参照变量：临时工作				
全职工作	0.019 (0.055)	0.029 (0.055)	0.025 (0.054)	0.020 (0.058)
偶尔工作	-0.198*** (0.069)	-0.192*** (0.069)	-0.204*** (0.069)	-0.218*** (0.073)

续表

被解释变量：主观福利	(1)	(2)	(3)	(4)
参照变量：对未来预期一般				
对未来预期较好	0.235***	0.232***	0.231***	0.236***
	(0.022)	(0.022)	(0.022)	(0.023)
对未来预期较差	-0.292***	-0.284***	-0.282***	-0.284***
	(0.049)	(0.048)	(0.048)	(0.051)
参照变量：对健康状况非常不满意				
对健康非常满意	0.661***	0.658***	0.644***	0.640***
	(0.071)	(0.070)	(0.070)	(0.074)
对健康比较满意	0.457***	0.455***	0.448***	0.456***
	(0.066)	(0.065)	(0.065)	(0.069)
对健康不太满意	0.252***	0.252***	0.246***	0.255***
	(0.070)	(0.069)	(0.068)	(0.073)
参照变量：离异				
已婚	0.470***	0.479***	0.482***	0.468***
	(0.071)	(0.071)	(0.071)	(0.072)
丧偶	0.209**	0.230**	0.239**	0.253**
	(0.097)	(0.097)	(0.097)	(0.102)
地区变量	YES	YES	YES	YES
城市变量	YES	YES	YES	YES
N	3804	3804	3804	3400
R2	0.168	0.173	0.175	0.173
F	32.909	31.577	29.780	28.528

注：本表给出的是主观幸福感对各解释变量的 OLS 回归估计系数；圆括号中的值为稳健性标准误（robust standard error）；***、**、*分别表示在 1%、5%及 10%水平下显著。

在第（2）列中，我们控制了政府治理水平以及政府治理和是否在公共部门工作虚拟变量的交互项。实证结果表明，交乘项显著为负，即提升政府治理水平能够显著缩小公共部门劳动者与其他部门劳动者主观幸福感的差距。考虑到政府治理可能与城市经济发展水平等因素相关联，在第（3）列中，我们进一步控制了城市化水平和人均 GDP 水平，基本实证结果保持不变。提高政府的治理能力能极大地减少行政系统“委托—代理”结构的社会成本，使官员回归到应有的社会本位，缩小他们与其他部门员工的福利差异。政府自身质量较高，职能定位合理，政府权力在规范化、程序化、法制化的程序中运行，其自利性行为得到了限制。政府内部治理效率提高，岗位分工明确，信息有效畅通，公共权力运行的“灰色地带”逐步消除。公务人员按照程序依法办事，不再握有“无限”的权力，获取“租金”的机会在根源上被断绝。治理优良的政府还有一套有效的监督机制和制约机制，这既能减少寻租的预期收益，又能增加寻租的预期成本。总之，治理水平较高的政府降低公务员的优势性地位，笼罩在公共职位上的金钱、权力、社会地位的光环将逐渐消退。

在第（4）列中，我们剔除在公共部门就业者样本后发现，政府治理对非公共部门工作者的幸福感有显著的积极影响。政府质量是居民幸福感的重要来源。第一，政府治理促进经济增长，进而促进我国居民主观幸福感的提高。第二，加强政府治理有助于改进政府决策能力，提升公共服务水平，从而提高居民的主观幸福感。第三，政府治理水平的提高也相应地提高居民的制度信任水平，还培育社会资本。政府治理还可能通过保障程序正义和社会公平、平衡公共支出等方式提高居民的主观幸福感。

4.4.2 政府治理对公共部门与非公共部门隐性福利差异影响的分析

在表 4-2 中，我们以居民报告的主观幸福感衡量他们的总体福利水平，包括货币形式及非货币形式的工作收益、隐性福利等。因此，我们在实证回归中没有控制就业者的收入等变量。现有文献研究认为，公共部门工作者在工资、奖金、津贴等方面都具有一定的优势。为进一步分析他们是否有利用公权力追逐私利的行为，本书在表 4-3 中控制了收入等变量，对政府质量对公共部门与私人部门主观福利差距的影响进行了更深入的研究。在表 4-3 的第（1）列

表 4-3　　**政府治理与公共部门—私人部门隐性福利差异**

被解释变量：主观福利	(1)	(2)	(3)	(4)
政府质量	0.363***	0.361***	0.362***	0.365***
	(0.095)	(0.095)	(0.095)	(0.095)
公共部门	0.450**	0.431**	0.426**	0.442**
	(0.207)	(0.206)	(0.206)	(0.207)
政府质量×公共部门	-0.711**	-0.699*	-0.695*	-0.728**
	(0.360)	(0.358)	(0.359)	(0.360)
收入	0.135***	0.129***	0.129***	0.130***
	(0.016)	(0.016)	(0.016)	(0.016)
住房补贴		0.073***	0.063**	0.061**
		(0.027)	(0.030)	(0.031)
医疗保险			0.021	0.019
			(0.029)	(0.036)
养老保险				0.004
				(0.037)
其他控制变量	YES	YES	YES	YES
N	3804	3804	3804	3804
R2	0.193	0.195	0.196	0.195
F	30.893	29.047	28.048	28.019

注：本表给出的是主观幸福感对各解释变量的 OLS 回归估计系数；圆括号中的值为稳健性标准误（robust standard error）；***、**、*分别表示在 1%、5%及 10%水平下显著。

中，我们控制了收入变量，它并不改变基本的回归结果。在表的第(2)、(3)、(4) 列中，我们进一步控制了工作者是否有住房补贴、医疗保险、养老保险等变量，公共部门工作者的主观幸福感依然高于其他人，政府治理能有效缩小这种差距。这表明，政府官员依据其权力的大小和权力结构中地位的高低享有高于普通人的隐性福利。这种部门间的福利差异是对非公共部门就业者权利的侵占，因而造成社会不平等，提高政府治理水平对解决该问题有所裨益。本书还通过剔除个别特殊城市，考虑政府治理与宏观变量的交互项等方式进行了稳健性检验，都不改变基本的实证回归结果。

4.5 本章小结

我国当前社会福利差距不断扩大的问题引起了政府决策部门和学术界的广泛关注，如何缩小福利差距成为保证社会经济发展的关键。本章在以往对公共部门与非公共部门收入差距研究的基础上，进一步研究整体职业的福利差异问题。劳动者在就业职位上不仅获得收入，还可能获得其他直接或非直接以货币形式表现的职位福利。我们以公共部门与非公共部门劳动者报告的主观幸福感差异衡量职业福利“溢价”，考察提升政府治理水平对福利差异的缓解作用。通过构建理论模型和利用中国综合社会调查数据进行实证研究，我们发现我国公务员报告的主观福利高于其他部门职工。在政府权力配置的多层“委托—代理”结构中，地方政府掌握着大量的社会经济资源，加之权力监督机制的缺乏，地方政府的自利性在国家转型的过程中高度释放。公共部门员工以“代理人”身份获得高于其他部门就业者的福利，比如贿赂收入、在公共资源上的优先权等。

公共部门员工本不应享有福利“溢价”，他们牟取私利的行为侵害了公众的利益，加剧了社会福利的不平等。本书理论研究和实证研究发现，在地方政府治理水平较高的城市，公务员和其他行业从业者的幸福感差距较小。诺思曾指出，如果有明确的政治制度规制政治当事人的活动，政治的交易成本很低，有效产权就会产生，进而约束官员和有关人员到非生产性领域去设租寻租。制度完善或者说政府治理水平较高的政府能降低公共部门和其他部门就业者的福利差异。一方面，高质量的政府即一个廉洁的精英政府，其地方政府和官员的行为受到严格而有效的约束。公权力的附加值被消除，公务员所能获得的超额福利大幅减少。另一方面，较高的治理水平提供高的行政效率和良好的公共服务，私有部门职工在公平正义的环境中追逐目标，他们的主观幸福感有所提升。政府治理能力的提高缩小了公务员与其他部门职工的福利不平等。

作为一个多重"委托—代理"体系，行政机构被赋予了一定的立法权和执行权，公职人员得以良好地开展工作。与此同时，委托人也赋予了公务员垄断性地位和信息优先权。若权力被用于获取"租金"，就损害了其他部门职工的权利，表现为公务员报告的主观幸福感高于其他部门的职工。我国公务员的工资制度不透明，公职人员滥用公权力的情况也比较多见，这加剧了社会的福利不平等。提升政府治理水平，增强行政机构和人员的责任感，减少自由裁量的空间，能够有效解决这一问题。我国已经开始了推进机构改革和职能转变的历程，建设法治政府、廉洁政府成为改革的目标。通过"放权"与"限权"，逐步消除因所有制差异造成的职业福利差异。同时，加快公务员工资、社会保障等制度改革进程，使公共资源配置均等，公共服务共享。

5　公共支出与居民主观幸福感

5.1 问题的提出

近年来，中国的财政收入一直保持着25%以上的年增速，其2012年的总规模占GDP的23%以上。学界掀起了关于宏观税负究竟高或者低的争论，有观点认为，我国税收收入的增速超过了GDP的增长速度，可能产生财政浪费，影响拉动内需，甚至造成“国富民穷”的后果。政府对整个社会财富的占用程度越高，居民收入所占比例越少，居民的幸福感也会越低。然而，财政的职能本质上是收入再分配，评价其“超GDP增长”效应合理性的关键在于社会接收到了多少以公共物品和服务为形式的返还。2000年至2012年，我国公共支出的年均增长率为18.83%，总规模达到125953亿元。将私人物品转化为公共物品来提供，降低私人消费攀比造成的效用损失，有利于提高经济发展水平和社会福利水平。居民认为所在地的政府规模是过大还是刚好能提供适当的公共物品，这实际是一个政治经济学的经典问题。

政府的最佳规模与居民的偏好紧密相关，也会在地区间表现出变异性。通过研究政府规模对居民主观幸福感的影响，能有效检验财政收入和支出惠民性和利民性的实现程度。公共部门及官员的行为对公共支出的实际结构和效率有重要的影响。传统的福利经济学假定政府努力最大化社会福利，并将资源的分配最优化。公共选择理论对此提出质疑，认为代理问题导致无效的结果。政府机构和官员可能利用公权力牟取私利，导致公共部门规模过大或者公共支出结构失衡等问题（Mueller，2003）。比如，他们偏向于投资基础设施等具有腐败空间的领域，或者投资到那些与他们有利益关联的项目，最终导致公共品的数量和质量偏离民众的真实需要。因此，制度因素在政府规模变动与居民主观幸福感的关系中起重要作用。

国内外文献探讨了政府规模与居民主观幸福感的关系，但对此没有形成一致的结论，存在关于二者是正相关、负相关或者不相关关系的争论。学者就我国的财政支出对居民主观幸福感的影响也作了探索性研究。在我国分权制改革和“官员晋升锦标赛”的制度背景下，为塑造“政绩工程”，城市基建项目存在“重复建设”和“过度投资”等问题。尽管民生类公共支出近几年在快速增长，但主要用于弥补“历史欠账”。由于拨款不足或支出不到位，一些部门想方设法争取更多收入，搅乱分配渠道。因此，在研究我国的财政规模与居民主观幸福感问题时，需重点关注制度质量、公共政策决策过程和官员行为的作用，从而将研究深入。本书在已有研究的基础上，加入政府质量变量，并从多个角度考察公共支出的异质性，从居民主观幸福感的角度评价公共支出的效果。

5.2 文献评述与理论假说

政府在社会运行中扮演着重要的角色，政府部门的最佳规模必定要大于零。根据新古典经济学的观点，政府通过征税与提供公共品，在解决市场失灵中发挥着重要的作用。它维护规则与法治，缓解社会与市场的摩擦，从而促使市场更好地发挥作用（Blankart，2003）。如果政府按照这样的逻辑运行，在均衡状态下，政府规模肯定是最优的并且与居民的偏好一致。在市场经济的资源配置模式下，私人消费竞争激烈、收入不平等问题对居民的主观幸福感有不利的影响（Alesina et al.，2004）。政府以公共支出的形式进行社会资源的再分配，公共物品的普惠性降低了由攀比效应带来的幸福损失（Oishi et al.，2012）。Harbaugh et al.（2007）认为人具有利他性，即使居民为公共物品缴纳了税赋，他们的主观幸福感也会提高。公共支出还用于一些社会活动，居民参与其中能提升社会资本并感到幸福（Ram，2010）。

当今世界多个国家的政府支出规模呈现膨胀的趋势。比如，近三十多年来，西欧国家的政府支出从不到 GDP 的 30%增加到 50%以上。公共选择学派认为市场主体追求个体效用最大化的逻辑同样适用于非市场行为。为追求自身效用的最大化，政府机构和官员在决定财政支出额时，有扩大预算的倾向。首先，通过提供更大规模的公共物品，官员才能赢得声望，或者是获得更大的权力。为获得连任，领导人在政治周期末期会扩大支出以创造政绩和赢取民心。

而公共品实际成本等信息具有不对称性，支出规模只有扩大化才能得以实现。其次，官员将亲信安插到行政机构，或者将行政程序繁琐化以获得更大的操纵空间的行为导致政府需要更多的预算来维持日常运作，这自然而然地扩大了支出规模（Mueller，2003）。官员能从政府规模扩大中获得好处，而居民却为此付出了税收等代价。实实在在的“收益”大于外部化给每个社会成员造成的损失，因而砍掉任何一部分支出的反对意见都比支持意见来得大，公共支出的膨胀很难被遏制。政府规模过于庞大而不能良好地发挥作用导致资源错配，不利于经济的增长。居民若观察到规模的无效扩大会感到失望，甚至对政府的认同感降低。在这样的环境下生活，居民感到对生活不太满意，社会的整体福利水平下降。

政府在利用公共支出提供公共物品和服务的过程中，也能从偏离居民的偏好中获益。公权力掌握者的经济理性导致公共政策的无效和次优结果。研究文献认为无效性主要体现在：首先，政府官员与利益群体勾结，导致某些公共项目的实施只对利益相关者有利，而非惠及大部分的社会群体。Persson and Tabellini（2000）构造的立法游说模型和政治竞争模型为政府提供公共品的无效和不公平性找到了更多的证据。其次，由于从不同支出项目中获取贿赂的难易程度不同，政府将大部分支出用在基础设施等项目上，而降低了在教育和卫生项目上支出的比重（Mauro，1998）。扭曲的公共支出结构不能良好地满足居民对各类公共物品的需求。当公共物品和服务带来的福利小于因纳税而承受的消费选择损失时，居民的主观幸福感下降。只有政府追逐私利的行为得到制约，纳税者的钱被浪费得较少，他们对生活的满意度才会提高。在研究公共支出与居民主观幸福感的问题时，必须考虑制度因素。如果政府治理水平较高，它就能提供公共物品以弥补市场缺陷的作用（Adsera，Boix，and Payne，2003）。如果政府治理水平较低，政府规模可能会在不法者的驱使下扩大，公共资金的分配也是低效和扭曲的。

关于政府质量与居民主观幸福感的实证研究与上述的理论分析一脉相承，有学者认为二者是负相关，也有学者认为二者是正相关，还有学者认为二者没有相关性。Bjornskov，Dreher，and Fischer（2007）用认为自身很幸福的人数占总人数的比衡量一国居民的幸福程度，对第三次和第四次世界价值观调查年中 74 个国家进行研究表明，政府支出占 GDP 的比例越高，居民的主观幸福感越低。提高政府效率能够降低政府支出对居民幸福的不利影响。Hessami（2010）对 12 个欧盟国家的研究表明，1990—2000 年政府支出的增加促进了居民主观幸福感的提升；在那些政府质量较高的国家，政府支出对居民主观幸福感的正效应更大。Ram（2009）认为很多研究只是基于有限的样本，而使用更多的样本研究政府规模与居民主观幸福感问题更能反映国际变异。他使用 138 个国家的截面数据的研究表明，政府规模对居民主观幸福感并没有显著的不利影响，二者之间存在不显著的正相关关系。为了减轻跨国研究中政治、文化、历史和语言差异导致遗漏变量偏误问题，学者还研究了一个国家内地方政府支出与居民主观幸福感之间的关系。Yamamura（2011）利用日本 47 个都道府县数据的研究表明，1979 年，政府规模对居民主观幸福感有显著的负向影响，但是，随着日本经济的发展和政府效率的提高，政府规模对居民主观幸福感的负向影响在 1996 年变得不再显著。尽管关于政府总支出对居民主观幸福感的影响方向存在争论，但是学者却发现增加某些单项公共支出能够显著地影响居民的主观幸福感。Di Tella et al.（2006）对 1975—1992 年欧洲国家的研究表明，失业保障支出能够显著地提高国家的幸福水平。Kotakorpi and Laamanen（2010）在控制了居民的健康水平后，发现芬兰政府在健康支出上的显著提高增加了居民的主观幸福感。增加教育支出、公共安全支出等也能提升居民的主观幸福感（Radcliff，2001；Wassmer et al.，2009；Hessami，2010）。

政府支出对转型国家居民的主观幸福感具有特殊的意义。在国家转型过程中，政府控制的资源大量缩减，计划经济时期免费的公共物品不再免费。而且使用者认为公共物品供给不足，必须付费才能享受到更多的公共品，这减少了可用于其他消费的可支配收入。公共品供给数量与质量的同时下降是降低幸福感的重要原因

(Guriev and Zhuravskaya, 2009)。提高政府支出意味着提供更多的公共物品，增加了居民的实际可支配收入，从而有利于居民主观幸福感的提升。Lena (2009) 利用世界价值观调查数据对 13 个转型国家进行研究发现，政府总支出对居民幸福感有明显的促进作用。在我国的转型过程中，学者也研究了政府支出对我国居民主观幸福感的影响。谢舜等 (2012) 的研究表明，省级政府增加人均公共支出对我国居民的主观幸福感有极大的促进作用。胡洪曙和鲁元平 (2012) 发现增加公共支出有利于提升我国农村居民的主观幸福感。从公共支出结构的角度来看，增加科教文卫和社会保障等民生性支出有利于促进我国居民主观幸福感的提升（谢舜等，2012；赵新宇和高庆昆，2013）。在研究我国政府支出对居民主观幸福感的影响时，学者并没有考虑政府质量因素的作用。事实上，我国政府当前仍然垄断着大量的资源，政府官员掌握的自由裁量权很大。各地官员在公共支出决策和提供公共物品过程中的腐败行为被多次曝光。因而，只有将我国地方政府的政府质量纳入研究，才能有效揭示政府支出对我国居民主观幸福感的影响内涵。

5.3 模型设定、指标数据与描述性统计

5.3.1 实证模型

参考 Lena (2009) 和 Hessami (2010) 等的相关研究，本书的实证模型设定如下：

$$Happy_{ij} = \alpha\, govsped_j + \beta\, govqua_j + Marco_i + Micro_{ij} + \varepsilon_{ij} \tag{5.1}$$

在模型 (5.1) 中，被解释变量主观幸福感表示 j 市的第 i 个被调查者报告的主观幸福感。调查时的问题是“总的来说，您认为您的生活是否幸福”，要求被调查者从数字 1 到 5 之间进行选择，1 表示很不幸福，2 表示比较不幸福，3 表示居于幸福与不幸福之间，4 表示比较幸福，5 表示完全幸福。一般认为，报告的幸福感状况是序数的，但大量的研究表明，假设幸福数据的序

数性或者基数性得到的实证结果是相似的。为了便于计算居民的支付意愿，本书假定主观幸福感变量是基数的，使用普通最小二乘法估计回归模型。

主要的解释变量是政府公共支出水平（govsped）和政府质量（govqua）。除了研究政府的公共支出总额，本书还研究了教育、医疗和社会保障三个分项支出对居民主观幸福感的影响。控制变量中还包括那些被前人研究证实的、能够影响居民主观幸福感的宏观变量和微观变量。宏观变量包括 j 市的 GDP 总量、城市规模和城市人口密度。微观变量包括 j 市的第 i 个被调查者的性别、年龄、收入水平、教育程度、婚姻状况、健康状况等。① ε_{is} 表示该回归模型的误差项。

5.3.2 数据来源

本书使用的数据来自中国人民大学社会学系和香港科技大学社会调查中心合作的中国综合社会调查项目。该项目用多阶分层概率抽样的方法选取居民，对他们的教育水平、收入、主观幸福感等社会经济特征进行了详细的调查。本书使用的是 2010 年的数据，样本覆盖中国大陆 31 个省级行政地区（省、自治区、直辖市），90 个地级市。样本总数为 11785 个。本书使用该数据研究公共支出对我国居民主观幸福感的影响。由于在具体的实证回归中，有些样本在关键变量，比如主观幸福感、收入状况等上存在缺失值，本书将之剔除。城市总公共支出和各分项公共支出的数据来自《中国区域经济年鉴》，政府质量的数据来自世界银行的调查报告——《政府治理、投资环境与和谐社会：中国 120 个城市竞争力的提升》。将 CGSS 2010 和世界银行的数据对比，一共可以得到 56 个城市的政府质量和居民主观幸福感的数据。由于直辖市的特殊性，本书还删掉了直辖市的数据。表 5-1 对 CGSS 2010 数据进行了描述性分析。

① 由于大量居民汇报的个人收入为零，为减少缺失值，本书使用家庭收入水平。

表 5-1　　　　变量的描述性统计

变量	变量描述	均值	标准差
主观幸福感	1 表示很不幸福；5 表示完全幸福	3.775	0.893
年龄	岁	46.745	15.219
教育水平①	见注	4.668	2.831
婚姻状况②	见注	3.072	0.993
就业状态③	见注	4.564	2.483
家庭收入	2009 年人均家庭是多少	42510.57	90725.2
自评健康状况	1 表示很不健康；5 表示很健康	3.65	1.118
人均公共支出	元	5221.652	5695.912
人均社会保障支出	元	485.586	321.328
人均医疗卫生支出	元	362.37	211.602
人均教育支出	元	769.057	345.255

注：①教育水平：1 没有受过任何教育，2 私塾，3 小学，4 初中，5 职业高中，6 普通高中，7 中专，8 技校，9 大学专科（成人高等教育），10 大学专科（正规高等教育），11 大学本科（成人高等教育），12 大学本科（正规高等教育），13 研究生及以上。②婚姻状况：1 未婚，2 同居，3 已婚，4 分居未离婚，5 离婚，6 丧偶。③就业状态：1 目前从事非农工作，2 目前务农，曾经从事非农工作，3 目前务农，没有从事过非农工作，4 目前没有工作，而且只务过农，5 目前没有工作，曾经从事过非农工作，6 从未工作过。

5.4 经验结果与分析

5.4.1 政府质量、公共支出与居民主观幸福感

表 5-2 回归式（1）控制了被调查者的个体特征变量和宏观经济变量，本书关于这些变量的研究结果与前人的研究类似，因而不

对结果进行具体的分析。在考虑了政府质量的前提下，回归式（1）研究我国政府支出对居民主观幸福感的影响。通过结果可以发现，公共支出的系数在5%的统计水平下显著为正，这表明政府公共支出对我国居民的主观幸福感产生了显著的正面影响。回归式（2）、（3）、（4）在考虑政府质量的前提下，分别考察了人均社会保障支出、医疗卫生支出和教育支出，它们对居民主观幸福感都有显著的正效应。如果政府能够将公共支出用到居民最需要的公共产品上，肯定能够提升居民的主观幸福感。我国以经济发展为中心，对社会发展的重视程度不足，导致民生类公共支出的份额比较低，政府对医疗和教育等公共物品的供给不足。由于拨款不足或者支出不到位，居民必须为医疗或教育等付出昂贵的代价。因而，当前中国政府在继续促进经济增长的同时，也应该完善公共支出，满足居民对公共物品和服务的需要，从而增进居民的主观幸福感。

表 5-2　　**政府质量、公共支出与居民主观幸福感**

被解释变量：主观幸福感	（1）	（2）	（3）	（4）
人均公共支出	0.0000385** (0.0000155)			
人均社会保障支出		0.00029*** (0.0000523)		
人均医疗卫生支出			0.00037*** (0.0000668)	
人均教育支出				0.0004*** (0.0000662)
政府质量	0.402*** (0.093)	0.318*** (0.092)	0.336*** (0.093)	0.366*** (0.092)
家庭收入	0.160*** (0.013)	0.160*** (0.013)	0.160*** (0.013)	0.165*** (0.013)

续表

被解释变量：主观幸福感	(1)	(2)	(3)	(4)
年龄	−0.030***	−0.031***	−0.031***	−0.031***
	(0.005)	(0.005)	(0.005)	(0.005)
年龄的平方	0.000***	0.000***	0.000***	0.000***
	(0.000)	(0.000)	(0.000)	(0.000)
受教育年限	0.010**	0.009**	0.009**	0.009**
	(0.004)	(0.004)	(0.004)	(0.004)
参照变量：离异				
已婚	0.532***	0.536***	0.536***	0.531***
	(0.084)	(0.083)	(0.083)	(0.083)
未婚	0.371***	0.366***	0.366***	0.367***
	(0.097)	(0.097)	(0.097)	(0.097)
丧偶	0.276***	0.279***	0.279***	0.275***
	(0.102)	(0.102)	(0.102)	(0.101)
参照变量：健康状况非常差				
非常健康	0.991***	0.987***	0.987***	0.988***
	(0.090)	(0.090)	(0.090)	(0.090)
比较健康	0.755***	0.753***	0.753***	0.751***
	(0.088)	(0.088)	(0.088)	(0.088)
健康状况一般	0.581***	0.575***	0.576***	0.574***
	(0.089)	(0.089)	(0.089)	(0.089)
不太健康	0.429***	0.427***	0.428***	0.424***
	(0.093)	(0.093)	(0.093)	(0.093)

续表

被解释变量： 主观幸福感	(1)	(2)	(3)	(4)
参照变量：失业				
有工作	0.055* (0.029)	0.055* (0.029)	0.053* (0.029)	0.055* (0.029)
未进入过就业市场	0.032 (0.062)	0.036 (0.061)	0.041 (0.061)	0.028 (0.061)
其他控制变量	YES	YES	YES	YES
N	5554	5554	5554	5554
R2	0.144	0.143	0.143	0.144
F	40.437	40.350	40.570	41.041

注：本表给出的是主观幸福感对各解释变量的 OLS 回归估计系数；圆括号中的值为稳健性标准误（robust standard error）；***、**、*分别表示在1%、5%及10%水平下显著。

5.4.2 政府质量和公共支出的交互效应对居民主观幸福感的影响

表5-3通过构造政府质量和公共支出的交乘项，考察政府质量和公共支出的交互效应对居民主观幸福感的影响。回归式（1）、（2）、（3）、（4）分别表明，政府质量和总共支出、社会保障支出、医疗卫生支出及教育支出的交乘项显著为正。这说明，在政府质量越高的城市，公共支出对居民主观幸福感的提升效应越强。城市的政府质量越高，官员在公共决策中的行为就越能得到有效的约束，他们不能滥用权力将利益相关者安插进政府机构，导致政府规模的无效扩大和行政程序的繁琐化。政府质量的提高也意味着政府提供的公共支出是公平的，真正能够满足居民的需要。而在政府质量较低的城市，官员可能扭曲和搅乱分配渠道，将资源分配给少数人，或者为了制造“政绩工程”进行“重复建设”和过度投资。

Diener（2009）认为，只要政府在清楚地了解地方居民偏好的情况下，增加公共支出可以增强居民幸福感。当前我国政府通过将公共支出投入社会保障、医疗和教育等民生类项目，必然会改善居民收入和生活质量，从而促进国民福祉。

表 5-3　政府质量与公共支出的交互效应对居民主观幸福感的影响

被解释变量：主观幸福感	(1)	(2)	(3)	(4)
人均公共支出×政府质量	0.000153*** (0.0000313)			
人均社会保障支出×政府质量		0.00132*** (0.000252)		
人均医疗卫生支出×政府质量			0.002*** (0.000447)	
人均教育支出×政府质量				0.00122*** (0.000227)
其他控制变量	YES	YES	YES	YES
N	5554	5554	5554	5554
R2	0.144	0.143	0.143	0.144
F	40.437	40.350	40.570	41.041

注：本表给出的是主观幸福感对各解释变量的 OLS 回归估计系数；圆括号中的值为稳健性标准误（robust standard error）；***、**、*分别表示在 1%、5%及 10%水平下显著。

5.4.3　公共支出对不同收入等级居民主观幸福感影响的回归结果与分析

本部分将更进一步，在考虑政府质量的前提下，分析公共支出对不同收入等级居民主观幸福感的影响。本章根据居民的收入水平，将居民分为低收入家庭和高收入家庭，然后构造公共支出和低收入家庭的交乘项。表 5-4 的研究结果表明，提升公共支出对低收入居民主观幸福感的促进作用大于高收入家庭。收入较低群体的消费能力较弱，若他们必须对医疗等物品付费，他们的主观幸福感将极大地下降。政府公共支出的再分配作用能降低低收入居民预防性储蓄的动机，增加他们主动消费的倾向，甚至将未来的消费转移到当前。而个体当期适度的消费对居民自身福利或者幸福感是有着积极作用的。增加社会保障、医疗卫生和教育等民生类公共支出，相当于增加低收入居民的实际可支配收入，让他们生活得无后顾之忧。

表 5-4　**政府质量、公共支出对低收入居民主观幸福感的影响**

被解释变量：主观幸福感	(1)	(2)	(3)	(4)
人均公共支出×低收入	0.000154*** (0.000023)			
人均社会保障支出×低收入		0.000309*** (0.000054)		
人均医疗卫生支出×低收入			0.000352*** (0.0000728)	
人均教育支出×低收入				0.000195*** (0.0000409)
其他控制变量	YES	YES	YES	YES
N	5554	5554	5554	5554
R2	0.144	0.143	0.143	0.144
F	38.506	38.529	38.600	39.021

注：本表给出的是主观幸福感对各解释变量的 OLS 回归估计系数；圆括号中的值为稳健性标准误（robust standard error）；***、**、*分别表示在 1%、5%及 10%水平下显著。

5.5 本章小结

本章利用CGSS数据分析我国政府质量、公共支出对居民主观幸福感的影响，结论显示：(1) 控制了政府质量后，财政总支出、社会保障支出、医疗卫生支出和教育支出对居民主观幸福感有显著的正面影响，它们主要通过增加居民的实际可支配收入和消费能力的途径增进居民的主观幸福感。(2) 政府质量能够影响公共支出对居民主观幸福感的作用。在政府质量越高的地方，公共支出对居民幸福感的提升作用越强。(3) 公共支出对不同收入等级农民幸福感的影响存在显著差异。它对低收入家庭幸福感的正面影响大于高收入居民。其原因在于，低收入居民更加依赖于政府的公共支出。

在当前中国宏观经济政策调整占主导的形势下，政府质量和公共支出对居民主观幸福感的影响是深刻且长远的。转型中公共物品供给不足，而我国还存在着相当一部分的贫困群体，民众对政府的依赖性还比较强。然而，由于缺少对权力的有效约束，政府在促进经济高速增长的同时，也产生了许多负外部性：民生问题凸显，在中国特有的“锦标赛”治理模式下，财政收入多用于经济建设和维持政府运作，对社会保障、医疗卫生和教育等民生支出偏低，上学难、看病难和养老难等问题普遍存在。提升政府质量意味着政府减少公共支出中的腐败，提高公共支出效率和优化支出结构，满足辖区所有个人和群体多样化的基本需求。政府对公共资源的合理配置，完善公共服务体系，增加社会保障、医疗卫生和教育等社会性支出的比重，使得居民远离不满意的生活状况，获得在物质上和精神上更好的生活状态。

6　环境公共物品与居民主观幸福感

本书的第3、4、5章就政府质量和公共支出如何影响居民主观幸福感进行了实证研究。地方政府的质量和公共支出结构决定了公共政策的效果及公共物品的质量和数量。以政府的环境政策或者提供的环境公共品为例，质量较高的政府能够规范工业企业的排污行为，为减轻环境污染提供制度上的保障。如果公共支出的结构合理，那么用于环境的支出能够得到保障，为治理环境提供资金支持。因而，研究公共政策和公共物品对居民主观幸福感的影响就是立足在第3、4、5章的基础上，将政府质量和公共支出与居民主观幸福感间关系的研究深入化和具体化。本章以环境公共物品为切入点，分析各地政府质量和公共支出决定环境质量的差异后如何影响居民的主观幸福感。

6.1 问题的提出

我国近十年来处在高速的工业化和城市化的进程中，与之共生的环境污染问题严重影响人们的日常生活。最近，亚洲开发银行和清华大学发布的研究报告称，全世界污染最严重的10个城市中有7个在中国；全国500个大中型城市中，空气质量达到世界卫生组织推荐标准的不到5个。① 国内外学者普遍认为应该协调环境污染与经济增长的关系，但他们对改善环境质量的民生意义关注较少。生态环境具有公共物品的性质，以揭示居民对环境的偏好、估算他们因污染而承受的损失为研究内容的学术文献还非常缺乏。探究环境质量的民生意义、评估环境物品价值的一个可行的思路是分析环境污染对居民主观幸福感的影响。一方面，幸福感已经成为反映民生的主要指标（Frey and Stutzer，2002）；另一方面，利用环境污染与居民幸福感的回归方程演绎的“主观幸福感方法”（Life Satisfaction Approach），能够从环境经济的角度货币化环境价值，计算居民对环境的支付意愿（willingness-to-pay）。

① 2013年1月14日，亚洲开发银行和清华大学联合发布了《中华人民共和国国家环境分析》。

主观幸福感的问题近年来得到心理学、社会学以及经济学等各学科的广泛关注。幸福经济学者早期研究个体微观变量（婚姻状况和性别等）和宏观经济变量（失业率和通货膨胀率等）对主观幸福感的影响（Frey and Stutzer，2002；Di Tella et al.，2003）。近些年来，他们开始关注公共物品，比如环境质量对居民幸福感的影响（Luechinger and Raschky，2009）。目前，我国面临着国民“幸福停滞”的困局。① 通过我国城市居民幸福感的一项调查发现，全国 30 个省会城市（拉萨除外）中没有一个城市的居民对生活质量感到满意。② 北京、上海等经济发达、资源集中的一线城市更是我国的“幸福感低谷”区。③ 恶劣的环境状况可能是让居民感觉生活不幸福的一个重要原因。④ 国外的环境经济学者和幸福经济学者的研究发现，污染通过刺激居民的感官，危害居民的健康，给居民生活造成不便等渠道影响居民的主观幸福感（Luechinger，2010）。国外文献还发现居民对环境的支付意愿介于 112 美元到 8296 美元之间。我们认为，对环境污染对居民主观幸福感的影响的研究可以从居民对环境的主观感知和客观（实际）的污染水平两个角度展开，还可以通过考虑环境污染的异质性拓展现有文献的研究。利用主观幸福感的方法，我们还能有效评估我国居民对环境物品的支付意愿。

本章借助 CGSS 数据，研究空气污染对城市居民主观幸福感的影响，并深入分析环境物品的社会价值和经济价值。与以往的研究相比，本书的创新体现在以下三个方面：（1）之前的研究主要关注环境污染造成的经济损失，而本书关注环境污染造成的福利损

---

① 根据盖洛普世界民意调查，在 2005—2009 年间，中国内地居民的主观幸福感在纳入调查的 155 个国家和地区中排名第 125 位。

② 该调查是 2011 年中国社会科学院和首都经济贸易大学共同发布的《中国 30 个省会城市生活质量调查报告》。

③ 该调查是 2012 年北京大学携手中荷人寿保险公司发布的《中国城市居民幸福感研究报告》。

④ 比如，2011 年，首都经济贸易大学发布的《2011 北京社会经济生活指数》报告认为，空气质量是北京市居民忧虑的主要问题。

失，而且本书还关注环境污染对居民幸福感影响的异质性问题，即环境污染对不同收入水平、年龄、教育水平群体的幸福感影响的差异；（2）当前的文献一般研究区域内客观的污染状况对居民主观幸福感的影响，而本书不仅关注了这个问题，还考察了主观环境感知与居民主观幸福感的关系；（3）本书还用一种全新的方法——主观幸福感方法评估环境的经济价值，计算居民愿意为改善环境支付的价格。

6.2 文献评述与理论假说

人类是自然界长期发展和进化的结果，居民的生存环境（自然环境和社会环境）对他们的福利有重要的影响。人有“生物自卫”(biophilia)性，与自然界的其他生物体紧密相连（Wilson，1993)。良好的环境能够帮我们减少焦虑和绝望的情绪，让人的身心达到良好的状态（Morris，2003)。Ulrich（1984）和 California Energy Commission（2003）曾发现医院病房的环境良好则病人恢复得快；办公室的环境良好则职员的工作效率更高。Rehdanz and Maddison（2005）认为适宜的气温和降雨量能有效提高居民幸福感。Ambrey and Fleming（2011）发现澳大利亚良好的市容环境对居民的生活满意度有重要的意义。相反的，恶劣的环境会让人幸福感降低，比如，机场噪音降低了附近居民的主观幸福感（Van Praag and Baarsma，2005)；自然灾害（如洪水）对居民的主观效用有不利影响（Luechinger and Raschky，2009)。

可持续发展理论认为，为了维持生态平衡并给后代留下足够的发展空间，我们应当在消费上有所节制（Porritt，2005)。西方国家工业化和城市化的同步发展曾严重地破坏了自然环境，尽管各国采取了强有力的治理措施，但空气污染等问题仍没有被彻底解决。现今许多工业企业仍在继续排放一些有害物质。环境经济学者和幸福经济学者十分关注环境污染问题，他们认为不仅是为了后代的福利，就是要保障当代人的幸福生活，我们也必须减少污染，保持并提升自然资本（Menz，2011)。学者主要从主观和客观两个角度分析“空气污染—居民幸福”问题。Rehdanz and Maddison（2008）研究发现那些自认为受空气污染影响非常严重的居民感觉更不幸福。如果居民自认为所居住的社区空气污染严重，他们也会倾向于认为自己生活得并不幸福（MacKerron and Mourato，2009）。

上述学者主要从居民对空气污染的主观感知角度进行研究，然而主观上对空气污染的感知与幸福感同属心理体验范畴，这导致研究存在内生性问题。因此，学者主要研究客观（实际）环境状况对居民主观幸福感的影响。Welsch（2002）最早以空气中二氧化硫（SO_2）、二氧化氮（NO_2）等污染物的含量衡量空气质量，研究客观的污染状况与居民主观幸福感的关系。他利用54个国家的截面数据研究对国家平均幸福水平的影响。为解决不可观测的异质性问题和伪相关问题，他在2006年使用10个欧洲国家的面板数据进行研究，结果表明空气污染是导致国家间幸福水平差异的重要原因。Ferreira and Moro（2010）等多个国家的学者随后对该问题展开了丰富的研究。空气污染主要通过以下渠道影响居民的主观幸福感：首先，空气污染危害居民的健康，进而降低居民的主观幸福感。大量研究发现，空气污染对人体健康有不利影响，使人体免疫力下降，对病原生物的敏感性增加，从而提高各类疾病的发生率。据估计，2000年全球城市大气污染导致80万人死亡和460万健康寿命年损失（Greenbaum，2012）。具体来说，污染能导致呼吸道疾病、生理机能障碍以及眼鼻等黏膜组织受到刺激而患病，还能导致有呼吸道病史的人旧病复发（Katsouyanni et al.，2011）。若居民常年生活在被污染的环境中，他们甚至有患上心脏病和肺癌的风险（Schwartz，2011）。而身体健康是决定居民幸福与否的一个关键因素，健康状况较差的居民通常感到不太幸福（Frey and Stutzer，2002）。其次，空气污染给居民生活造成不便进而对居民幸福感产生影响。较低的空气能见度可能造成交通堵塞或者交通事故，严重的雾霾天气甚至迫使高速限行、机场关闭。居民的出行不便会对日常工作和生活造成影响（Moro，2010）。最后，空气污染还通过侵蚀生活基础设施等方式影响居民主观幸福感。空气中的有害物质损坏各类建筑物的质量，加速建筑材料的折旧，居民因此承受了大量的经济损失（Menz，2011）。总之，空气污染增加了居民的生活成本，降低了他们的主观幸福感。

改革开放以来，中国经历了持续的高速增长，快速的工业化和城市化不可避免地会带来空气污染问题。环境的库兹涅茨曲线在中国是存在的，中国各地区目前仍处于曲线的左边阶段，即污染排放随着人均GDP的上升进一步增加（包群和彭水军，2006）。依照前文的理论分析，环境污染对居民的主观幸福感有不利的影响。以污染为代价的高GDP对我国居民的福利有一定的促进作用。中国政府在发展经济和治理环境之间如何权衡？可持续发展理论认为，政府公共政策的目标不只是提高GDP，还要增进社会福利。在具有中国特色的治理模式中，地方政府热衷于进行经济建设，甚至不惜以粗放型的方式发展经济，却少有动力关注环境质量。长期积累的环境污染问题逐渐显现，它不仅造成巨额的经济损失，还给国民带来健康损失（郑易生等，1999）。政府越来越重视环境保护，但我国的污染状况比较复杂且具有地域差异性，国外环境治理理论不完全符合我国的国情。只有充分了解居民的偏好，各级地方政府才能协调好经济增长和环境污染的关系，实现增进社会福利的目标。Zhai（2010）和Smyth et al.（2008）分别从主观和客观两个方面对我国居民的环境偏好进行了研究，前者发现对环境越满意的居民感觉越幸福，后者认为污染对中国城市居民的主观幸福感有显著的不利影响。他们的研究表明，尽管经济增长仍然是促进我国居民幸福感的重要来源，但居民对洁净的空气也有强烈的需求。本章将在以上研究的基础上增强样本的代表性，并对污染的衡量进行细化，进一步探讨居民对环境污染的评价问题。

在空气污染与居民主观幸福感的研究中，考虑污染的异质性将进一步揭示其中的逻辑和机制。环境污染对社会经济地位较低的人造成的不利影响比其他人要大（Brown，1995）。穷人居住的社区环境比较差，而且他们无力治愈因环境污染而患上的疾病，这加剧了环境污染对他们幸福感的负面影响（Mitchell and Dorling，2003）。社会不平等中的其他弱势群体如病人、老年人、受教育水平低的人，应对污染的能力也较弱，因空气污染承受的风险比一般人要大（Utell et al.，2005）。Luechinger（2009）的实证研究发现，患有呼吸疾病或心血管疾病的人因空气污染承受的幸福感损失比一般人严重。但 Levinson（2009）结合美国综合社会调查数据和环境保护署空气质量监测数据进行的实证研究表明，在美国并不存在环境污染的异质性问题。空气污染对美国居民幸福感的不利影响不因他们的健康状况、环境态度、年龄和教育水平各异而在程度上有所不同。我国的社会不平等呈现越来越严重的趋势，处于不利地位的群体面对空气污染时，很可能因为他们的经济原因或身体原因而承受了更大的主观福利损失。

6.3 研究设计

6.3.1 实证模型

参考 Welsch（2006）和 Di Tella and MacCulloch（2007）等的相关研究，本书分析空气污染对居民主观幸福感影响的实证模型设定如下：

$$SWB_{ij} = \alpha Pollution_{ij} + \beta LnInco_{ij} + \gamma ConVars + \xi_{ij} \quad (6.1)$$

在模型中，被解释变量 SWB_{ij}表示 j 市的第 i 个被调查者的主观幸福感。调查时的问题是“总体而言，您对自己所过的生活的感觉是怎么样的呢”，要求被调查者从数字 1 到 5 之间进行选择，1 表示非常不幸福，2 表示不幸福，3 表示一般，4 表示幸福，5 表示非常幸福。Ferrer-i-Carbonell and Frijters（2004）等的研究指出，只要回归方程设定正确，那么无论是将主观幸福感视为连续变量（基数）用 OLS 方法回归，或者是将其视为有序变量（序数）用 Ordered Probit 或 Ordered Logit 模型回归，其参数估计的方向和显著性上都相一致，两个方法之间并无优劣之分。为了环境污染福利分析的方便，本书假定主观幸福感变量是基数的，并且使用普通最小二乘法估计回归模型。

本书从主观污染感知和客观污染物排放量两个角度来考察环境污染对居民主观幸福感的影响。从主观的角度，解释变量 $Pollution_{ij}$表示居民 i 对空气污染状况的判断。居民的污染感知包括对全国和所居住地区污染程度的主观判断，这在问卷中有所反映。

调查的问题分别是“根据您自己的判断，整体上看，您觉得我国面临的环境问题是否严重”和“空气污染在您所在地区的严重程度是怎样的”，被调查者从“非常严重”到“根本不严重”等几个选项中进行选择。从客观的角度，解释变量 $Pollution_{ij}$ 表示 j 市的空气污染状况。沿用 Di Tella and MacCulloch（2007）的方法，我们用三个客观指标衡量它，分别是工业烟尘排放量、工业二氧化硫排放量和全社会固定资产投资总额。烟尘和二氧化硫作为影响空气质量的首要污染物，前者是雾霾天气的关键成因，后者刺激人眼和呼吸道。工业污染源的烟尘和二氧化硫排放远远大于其他污染源，是导致 PM2.5 攀高的主因。① 除此之外，扬尘，即空气流动将地面的颗粒物吹起来，飘浮在空中随风运动，造成空气中的颗粒物增加，是破坏空气质量的另一重要因素。我们以全社会固定资产投资作为扬尘排放量的代理变量——因为缺乏对扬尘排放量的统计数据，而大量的固定资产投资意味着大规模的拆迁和修建活动，它们是产生扬尘的主要原因。

除了环境污染变量，我们还考虑了其他环境变量，比如居民的环保行为变量。问卷调查了居民进行垃圾分类投放、对塑料包装袋进行重复利用等十项环保行为的频率。“从不”进行一项活动得一分，“偶尔”得两分，“经常”得三分，用十项活动得分加总衡量居民的环保行为。我们还考虑居民的生活环境和工作环境变量。生活环境状况是访问员对被调查者居住社区类型的记录，包括工矿企业单位社区、未经改造的老城区、普通商品房小区、高档商品房小区等类型。关于工作环境的调查问题是“您的工作是否会让您弄得很脏呢”，被调查者从“非常脏”、“有一点脏”、“一点也不脏”等选项中进行选择。向量 ConVars 中还包括那些被前人研究证实的、能够影响居民主观幸福感的宏观变量和微观变量。宏观变量包括 j 市的经济增长率和城市化率水平。微观变量包括 j 市的第 i 个被调查者的性别、年龄、年龄的平方、收入水平、教育程度、婚姻

① 2011 年公众环境研究中心发布了《蓝天路线图——工业污染源定位报告》。

状况、健康状况等。① ε_{is} 表示该回归模型的误差项。

6.3.2 数据来源与描述性分析

本书使用的数据来自中国人民大学社会学系和香港科技大学社会调查中心合作的中国综合社会调查项目，它是学者研究我国居民幸福感、价值观等问题所公认的权威数据。② 本书使用的是 2003 年和 2006 年的调查数据，用 2003 年的数据研究主观污染感知问题，用 2006 年的数据研究客观污染问题。2003 年的调查主要针对 87 个县（区、县级市）的 5000 多个城市居民。调查问卷设有专门的环境问题版块，包含居民对环境的主观感知以及他们的环境行为和态度等内容。2006 年的调查尽管没有特别的环境版块，但它对居民的居住环境和工作环境等作了详细的调查。而且它的有效样本包含除西藏、青海、宁夏及港澳台等特殊省份之外的 22 个省（区、市），100 多个地级市，样本量大、覆盖地域广，具有较高的可信度。

本书使用的是市级数据，即研究每个市环境污染对居民主观幸福感的影响。本书剔除了数据中的农村样本，关注环境污染与城市居民的主观幸福感问题。由于在具体的实证回归中，有些样本在关键变量，比如主观幸福感、收入状况等上存在缺失值，我们将这些样本剔除。烟尘排放量、二氧化硫排放量、全社会固定资产投资额、GDP 增长率以及用于计算城市化率的非农业人口数和总人口数的数据均来源于《中国城市统计年鉴》。中国各个城市之间的经济结构、能源结构不同，导致各个城市的环境状况存在较大的差异。居民对环境的偏好存在差异，他们的身体对环境的敏感性也各不相同。为了直观地观测环境污染与居民主观幸福感的关系，本书描绘了两者的散点图（图 6-1a、图 6-1b）。从图 6-1a 中可以看出，

---

① 由于大量居民汇报的个人收入为零，为减少缺失值，本书使用家庭收入水平。

② 更详细的信息参见该项目网站：http：//www. cssod. org/index. php. 本书数据的使用得到了中国人民大学中国调查与数据中心的授权。本书剔除了数据中的离群值。

居住在烟尘污染很严重的城市里的居民，他们的平均幸福感水平较低。图 6-1b 描述出了二氧化硫排放量与该城市居民平均的幸福状况成负相关关系。图 6-1 反映了城市的环境质量对该城市所有居民平均的幸福感有不利的影响。在下文的实证研究中，我们将具体分析城市空气污染对每个居民主观幸福感的影响。

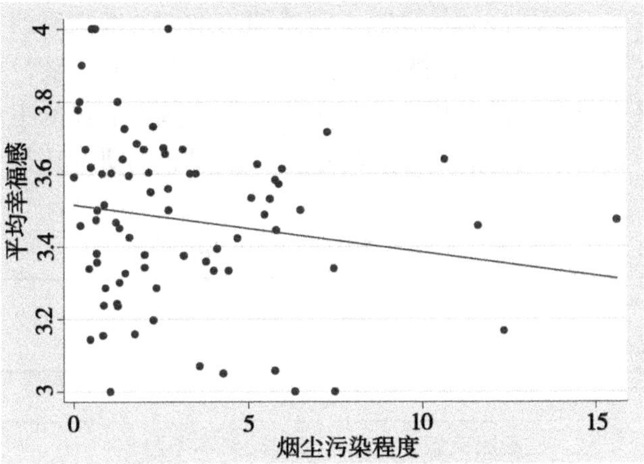

图 6-1a　烟尘排放量与城市居民幸福感

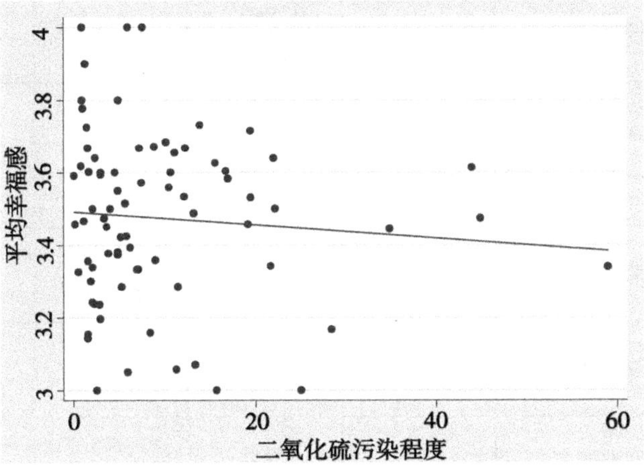

图 6-1b　二氧化硫排放量与城市居民幸福感

6.4 实证回归结果与分析

6.4.1 城市居民主观污染感知对幸福感影响的回归结果

表 6-1 给出了使用 CGSS 2003 数据对计量模型（6.1）的估计结果，主要考察居民对污染的主观感知与他们的幸福感的关系。该表的第（1）列仅仅包括被调查者基本的个体特征变量，本书对其回归结果进行简要的分析，有利于了解我国城市居民的主观幸福感状况，毕竟目前专门关注我国城市居民幸福感的研究还很少。

表 6-1 居民主观污染感知对幸福感的影响

被解释变量：主观幸福感	(1)	(2)	(3)	(4)
环境变量				
参照变量：我国环境问题根本不严重				
非常严重		-0.622*** (0.222)		
比较严重		-0.583*** (0.221)		
不太严重		-0.555** (0.226)		
参照变量：被调查地区环境问题根本不严重				
非常严重			-0.333*** (0.065)	-0.358*** (0.066)
比较严重			-0.287*** (0.061)	-0.308*** (0.062)
不太严重			-0.243*** (0.066)	-0.258*** (0.066)

续表

被解释变量：主观幸福感	（1）	（2）	（3）	（4）
环保行为				0.017*** （0.004）
家庭收入	0.213*** （0.015）	0.213*** （0.015）	0.210*** （0.015）	0.208*** （0.016）
个体特征变量				
年龄	-0.070*** （0.008）	-0.068*** （0.008）	-0.069*** （0.008）	-0.067*** （0.008）
年龄的平方	0.001*** （0.000）	0.001*** （0.000）	0.001*** （0.000）	0.001*** （0.000）
教育程度	0.009** （0.004）	0.011** （0.004）	0.010** （0.004）	0.006 （0.004）
参照变量：女性				
男性	-0.130*** （0.026）	-0.130*** （0.026）	-0.133*** （0.026）	-0.125*** （0.026）
参照变量：已婚				
未婚	-0.343*** （0.067）	-0.338*** （0.059）	-0.339*** （0.059）	-0.317*** （0.059）
离异	-0.418*** （0.083）	-0.420*** （0.083）	-0.420*** （0.083）	-0.412*** （0.083）
丧偶	-0.217** （0.086）	-0.221** （0.086）	-0.213** （0.086）	-0.205** （0.086）
参照变量：失业				
就业	0.155*** （0.032）	0.154*** （0.032）	0.154*** （0.032）	0.150*** （0.032）
上学或参军	0.239*** （0.090）	0.236*** （0.090）	0.236** （0.090）	0.203** （0.090）

续表

被解释变量：主观幸福感	(1)	(2)	(3)	(4)
参照变量：健康状况非常差				
非常好	0.331*** (0.072)	0.326*** (0.072)	0.331*** (0.071)	0.303*** (0.072)
比较好	0.196*** (0.042)	0.194*** (0.042)	0.193*** (0.042)	0.160*** (0.042)
比较差	0.040 (0.030)	0.040 (0.030)	0.042 (0.030)	0.036 (0.031)
其他控制变量	YES	YES	YES	YES
N	3554	3554	3554	3504
R2	0.152	0.155	0.159	0.161
F	33.45	29.35	30.36	28.93

注：本表给出的是主观幸福感对各解释变量的 OLS 回归估计系数；圆括号中的值为稳健性标准误（robust standard error）；***、**、*分别表示在1%、5%及10%水平下显著。

从回归式（1）中可以发现，年龄和年龄的平方的回归系数分别显著为负和为正，这表明我国城市居民的幸福感随着年龄的增长先下降后上升。男性虚拟变量的回归系数显著为负，表明相较于女性，城市男性的幸福感更低。教育对主观幸福感有重要正面作用，受教育程度越高的农民主观幸福感越高。婚姻状况的回归结果表明丧偶、离异（Div）和从未结婚的人的幸福感都显著低于已婚者的幸福感。健康状况越好的居民的幸福感越高。①

回归式（2）中加入了居民对我国环境状况感知变量。相较于

① CGSS 2003 问卷中没有关于居民实际健康状况和自评健康状况的问题，因此本书用居民“去专门的体育场或健身房锻炼身体是否符合您的生活习惯”衡量居民的健康状况。

那些认为我国环境问题根本不严重的居民，认为我国环境问题不太严重、比较严重、非常严重的居民报告的幸福感依次降低，这表明我国城市居民厌恶环境污染。严重的环境问题将显著降低居民的主观幸福感。回归式（3）中考察居民对本地区空气污染程度的感知对他们幸福感的影响。回归结果表明，那些认为所在地区空气污染不太严重、比较严重、非常严重的居民的幸福感要比认为该问题根本不严重的居民依次低 0.243 分、0.287 分和 0.333 分。它进一步证实了（2）式的结论，更重要的是，居民对所在城市空气质量的感知反映了该城市真实的污染状况（Day，2007）。这个结论从侧面表明空气污染问题越严重地区的居民对生活的满意程度越低。回归式（4）加入了保护环境的活动或行为变量。经常进行垃圾分类投放等环保行为、参与环保活动的居民感觉更幸福。积极的环保行为不仅有助于减轻污染，还能够提升居民主观幸福感。

6.4.2 客观污染程度对我国城市居民幸福感影响的回归结果

从表 6-1 中我们发现，主观上认为污染越严重的居民感觉越不幸福，但该回归有可能存在严重的内生性问题——那些感觉幸福的人对环境污染持更乐观的态度。为解决该问题，本部分我们使用客观的指标考察"城市污染—居民幸福"问题。表 6-2 给出了利用 CGSS 2006 数据对计量模型（1）的估计结果，主要研究居民所居住城市客观（实际）的污染状况对他们的自评幸福感的影响。从回归式（1）中可以看到，与表 6-1 中第（1）列的估计结果相似，城市居民的个体特征对他们的幸福感有显著的影响。① 除了个人特征外，我们发现居民的生活环境和工作环境对他们的幸福感有重要的意义。相比较于居住在普通商品房小区等一般社区的居民，居住在工矿企业单位社区和老城区的居民报告的主观幸福感较低。工矿

① CGSS 2006 数据中包含居民自评健康状况的问题。健康状况对居民幸福的影响十分显著，相较于对自身身体状况非常不满意的居民，感到不太满意、比较满意和非常满意的居民的幸福感依次上升。

区生产活动排放出的废水、废渣、废气等渗透到居民的日常生活中，他们的幸福感因此遭受影响。老城区的各项基础设施跟不上现代生活的节奏，居民普遍感觉不太幸福。工作环境也显著影响居民的生活满意度：在工作中不得不将自己弄得很脏的居民，他们在平均意义上的幸福感最低。回归结果还表明，一线城市的虚拟变量显著为负值，表明北京、上海、广州等“一线城市”居民的幸福感显著低于其他城市。这些特大城市环境污染、交通拥堵以及巨大的生存压力严重困扰着居民。

回归式（2）中加入了 GDP 增长率和城市化率两个宏观经济指标。我们发现，经济增长在 10%的统计意义上显著地提高居民的主观幸福感，而城市化率对居民幸福感影响并不显著。城市化过程提高居民的生活水平，创造更多的就业机会，但与它共生的“城市病”已经严重影响了居民的生活质量。在回归式（2）和（3）中，我们分别加入了环境污染的变量——平均每平方公里工业烟尘和工业二氧化硫排放量，污染的系数在统计意义上显著为负，这表明环境污染对我国城市居民的主观幸福感产生了不利的影响。每多排放一吨烟尘，居民的主观幸福感下降 0.012 分；每多排放一吨二氧化硫，居民的主观幸福感下降 0.002 分。我国的工业生产严重依赖煤炭资源，发电、冶金、化工等行业排放出大量的烟尘和二氧化硫，给大气自净系统带来了极重的压力。污染颗粒、细菌浓度超过环境容量后，空气能见度低、气味刺鼻等问题就产生了。生活在这样的环境中，居民的幸福感必然会降低。一个成年人每天呼吸 2 万多次，吸入空气达 15~20 立方米。若他吸入的是含有污染颗粒和细菌的空气，人体机能会遭受极大的损害。据世界卫生组织资料显示，居民长期接触年平均浓度超过 100 mg/m^3 的烟尘和二氧化硫，短期接触日平均浓度超过 250 mg/m^3 的烟尘和二氧化硫，能使呼吸系统疾病加重，患者病情恶化（Gouveia and Maisonet, 2005）。据我国大气监测资料的分析，许多城市（如北京、沈阳等）的污染程度已经远远超过了这个数值。污染特别严重已经明显引起这些城市居民的呼吸道疾病的患病率和死亡率增高。在我国医疗保障系统尚不完善的背景下，由空气污染引发的各类健康问题对居民主观幸福感产生了巨大的不利影响。即使居民目前并未患病，但出于对自己健康状况的忧虑，他们的幸福感也难以提高。空气污染还能损坏建筑物的质量，腐蚀金属，威胁工业设施、生活设施和交通设施的安全，它不仅造成经济损失，还会产生安全隐患（Tidblad and Kucera，2001）。因此，从个人主观福利的角度，空气污染是具有破坏性的。可持续发展理论要求我们保护环境，保持生态平衡。幸福经济学提供了更丰富的证据——为了人类的长远发展，为了自己当下的幸福，我们应该提高环境质量。

表 6-2 **客观污染程度对居民幸福感的影响**

被解释变量：主观幸福感	(1)	(2)	(3)	(4)
烟尘污染		-0.012*** (0.004)		
二氧化硫污染			-0.002** (0.001)	
固定资产投资额				-0.039*** (0.013)
家庭收入	0.136*** (0.016)	0.136*** (0.016)	0.137*** (0.016)	0.143*** (0.016)
参照变量：普通商品房社区				
工矿企业单位社区	-0.050* (0.027)	-0.050* (0.027)	-0.046 (0.027)	-0.055* (0.027)
老城区	-0.080*** (0.027)	-0.087*** (0.027)	-0.078*** (0.027)	-0.074*** (0.027)
高档商品房小区	0.171 (0.197)	0.157 (0.196)	0.153 (0.196)	0.155 (0.187)

续表

被解释变量：主观幸福感	(1)	(2)	(3)	(4)
参照变量：工作环境一点也不脏				
工作环境非常脏	-0.071*** (0.027)	-0.068** (0.027)	-0.067** (0.027)	-0.070*** (0.027)
工作环境有一点脏	-0.050* (0.027)	-0.050* (0.027)	-0.049* (0.027)	-0.051* (0.027)
GDP 增长率		0.010* (0.004)	0.008 (0.004)	0.009 (0.004)
城市化水平		-0.072 (0.072)	-0.067 (0.073)	0.024 (0.081)
一线城市	-0.204*** (0.035)	-0.145*** (0.040)	-0.103*** (0.052)	-0.168*** (0.040)
其他控制变量	YES	YES	YES	YES
N	4242	4242	4242	4242
R2	0.166	0.168	0.167	0.168
F	30.714	28.054	27.615	27.844

注：本表给出的是主观幸福感对各解释变量的 OLS 回归估计系数；圆括号中的值为稳健性标准误（robust standard error）；***、**、*分别表示在1%、5%及10%水平下显著。

除了烟尘和二氧化硫，工程建设产生的扬尘是空气污染的另一元凶。①在6-5式中，我们用全社会固定资产投资总额作扬尘的代理变量进行回归，结果表明它在1%的统计水平下影响居民的主观

① 以沈阳市为例，2005年沈阳市市区建筑扬尘排放量为5256吨，市区拆迁扬尘排放量为6375吨。

幸福感。为了城市的发展，进行固定资产投资是必要的。但是，拆迁和建设过程中产生的扬尘污染影响了居民的主观幸福感。扬尘通常是肉眼可见的，它可能附着在人的身体上，甚至随着呼吸进入身体里，给居民以不适感。总之，从提升城市居民福利的角度看，改善空气质量是至关重要的。

6.4.3 环境污染与城市居民主观幸福感：群体差异

居民的经济状况、居住环境、年龄、受教育水平等特征不同可能会影响空气污染对居民主观幸福感的作用，为此，本部分试图考察空气污染对不同特征居民幸福感的影响是否有显著差异。在表6-3的第（1）列中，本书将居民收入水平分为四个层次——最低收入者、较低收入者、中等收入者和高收入者，构造各个收入层级和空气污染程度的交乘项。① 我们发现，环境污染对各个收入层级居民幸福感的影响并没有显著的差异。这可能是由于高收入居民群体所能采取的有效避免污染的措施比较少。在表6-2第（2）列中，我们构造居民居住的社区类型和环境污染的交乘项。该列的结果表明，空气污染对居住在不同社区类型居民幸福感的影响也不存在显著的差异，居住在别墅区的居民受污染的影响不比居住在普通商品房社区的居民少，居住在老城区的居民所受的影响也并不是更严重。污染物在空气中流动，它通常是整个城市的问题，而不仅仅只是某一小片区域的问题。居住在别墅区的居民，他们居住区域内的环境质量可能有所改善，但是当他们外出活动时，还是会受到污染的影响。而且，我国城市化速度快，但质量不高，城市布局比较混乱，生活区与工业区混合的现象普遍存在，因此居住在各类社区的居民因污染承受的幸福感损失可能相差无几。

---

① 本书收入等级的分类依据是，将家庭收入从低到高排序，确定家庭收入的1/4分位数（约12000元），2/4分位数（约20000元），3/4位数（约35000元）。将家庭收入在1/4分位数以下的称为最低收入者，将家庭收入在1/4分位数至2/4分位数之间的称为低收入者，将家庭收入在2/4分位数至3/4分位数之间的称为中等收入者，将家庭收入在3/4分位数之上的称为高等收入者。

老年人的身体机能出现退化，他们对空气污染的承受能力比较差。在表 6-3 的第（3）列中，我们将 65 岁以上的被调查者视为老年人，构造老年人虚拟变量与空气污染的交乘项。交乘项的系数不显著，它表明污染对老年人的负面影响并不会更严重。这可能是由于老年人经常在室内，很少置身于被污染的环境中。表 6-3 第（4）列考虑受教育年限是否影响空气污染与幸福感的关系。实证结果表明，即使受教育程度很高也不能改善污染带来的主观福利降低。以上的实证研究表明，环境质量对所有人都是一视同仁的。环境污染对我国不同社会经济地位、年龄的城市居民的福利影响并不存在显著差异。这与 Levinson（2009）对美国的研究得到的结论是相似的。改善城市生态环境有利于提高各个群体的福利，减轻社会中的不公平现象。虽然改善空气质量需要大量的资金投入，但我们的实证研究表明为了实现建设“幸福城市”的目标，改善环境已经迫在眉睫。而治理环境的经济价值究竟如何，我们将在下文进一步分析。

表 6-3　**环境污染与城市居民主观幸福感：群体差异**

被解释变量：主观幸福感	(1)	(2)	(3)	(4)
烟尘污染	−0.017*** (0.006)	−0.011* (0.006)	−0.012*** (0.004)	−0.024* (0.013)
家庭收入	0.127*** (0.024)	0.127*** (0.024)	0.126*** (0.024)	0.126*** (0.024)
烟尘×较低收入	0.001 (0.011)			
烟尘×中等收入	0.014 (0.010)			
烟尘×高收入	0.010 (0.009)			

续表

被解释变量：主观幸福感	(1)	(2)	(3)	(4)
烟尘×工矿企业单位社区		-0.005 (0.008)		
烟尘×老城区		0.007 (0.010)		
烟尘×高档商品房小区		0.012 (0.029)		
烟尘×老年人			0.003 (0.014)	
烟尘×教育水平				-0.001 (0.001)
其他控制变量	YES	YES	YES	YES
N	4242	4242	4242	4242
R2	0.1705	0.1720	0.1699	0.1702
F	23.32	22.18	24.60	24.59

注：本表给出的是主观幸福感对各解释变量的 OLS 回归估计系数；圆括号中的值为稳健性标准误（robust standard error）；***、**、*分别表示在1%、5%及10%水平下显著。

6.5 环境治理的经济价值评估

前文的研究表明，空气污染显著降低了我国居民的主观幸福感。回归方程中污染的估计系数可以视为居民对他们承受的效用损失的初步评估。环境物品没有市场价格，本部分将通过主观幸福感方法揭示居民对环境物品的需求，计算出改善环境的经济价值或者是环境状况继续恶化的经济损失。这为我们进行环境政策的“成本—收益”分析提供了有效的依据。评价环境等公共物品的价值在传统意义上有两种方法：显示性偏好方法（revealed-preference approach）和叙述性偏好方法（stated-preference approach）。显示性偏好方法假定市场完全有效和个体完全理性，它用环境和市场物品的互补性或者替代性关系来推算环境的价值（Welsch，2006）。具体而言，我们可以通过观测人们对市场物品的行为反应来推算环境的价值。叙述性偏好方法要求居民回答他们为改善环境所愿意支付的价格或者忍受环境破坏所愿意接受的最低补偿。它要求居民对研究对象（资源环境）有所了解，这可能导致被调查者的“策略性行为”（Ambrey and Fleming，2011）。国外的学者，如 Delucchi（2002）利用享乐价格法等方法对大气污染造成的损失进行了估计。我国的学者高新才等（2011）使用叙述性偏好方法对兰州市居民进行的调查发现，为改善大气污染现状的平均支付意愿为每户每年 140.97 元。

主观幸福感方法是一种全新的非市场价值评估方法。它是在最近经济学对主观幸福感研究的基础上发展起来的。主观幸福感是“经验的效用”，可以被视为个人福利的近似值（Krueger and Schkade，2008；Frey et al.，2009）。因此，它能够估算环境污染给居民带来的福利损失。把环境污染水平、收入以及其他变量一起放入微观福利（幸福感）函数中，环境商品和收入的估计系数可以用来计算对环境商品隐含的支付意愿。相比传统的方法，主观幸福感方法既不假设完美市场，也不要求居民掌握环境知识，它仅依赖于对个体主观幸福感的调查，就能抓住环境状况变化带来的所有影响。Welsch（2006）的研究表明，为维持居民的主观福利不变，1990 年至 1997 年 10 个欧洲国家的空气悬浮物每增加 0.01 $\mu g/m^3$，应该给居民 184 美元的补偿。Di Tella and MacCulloch（2007）认为，人均硫氧化物排放量每减少 1 千克，12 个 OECD 国家的居民愿意为此支付 171 美元。Levinson（2008）测算出的值较大，他认为 PM10 每增加 1 $\mu g/m^3$，必须给居民 896 美元的补偿才能维持他们的主观效用不变。MacKerron and Mourato（2009）的研究认为，环境造成居民的经济损失量最惊人，他们发现空气中 NO_2 含量每增加一个单位，支付给伦敦居民 8296 美元才能弥补他们的损失。①

① 以上所有的值均已经 CPI 调整为 2007 年的美元水平。

从前文的（2.1）式可知，幸福函数可以设定为：

$$SWB_{ij} = F(P_j,\ I_{ij},\ Macro_j,\ Micro_{ij},\ \xi_{ij})$$

令 dSWB=0，即维持居民的福利水平不变，若环境质量的下降必须以收入形式补偿给居民的价格，或者若环境质量提高，居民所为此愿意支付的价格，即对环境的隐含支付意愿是：

$$WTP = (\partial SWB/\partial P)(\partial SWB/\partial I) = \alpha \frac{\overline{I}}{\beta}$$

上式中，α 是污染状况的回归系数，β 是家庭收入的回归系数，I 是家庭收入的均值。除了计算边际价值，我们还可以计算希克斯（Hicksian）补偿剩余（compensating surplus）和等价剩余（equivalent surplus）。假设空气污染水平从 P1 改善到 P2，我们可以计算补偿剩余（CS），即居民所在地区环境质量改善，为维持最初的效用水平，居民的最大支付意愿。

SWB（I，P1）=SWB（I-CS，P2）

利用回归方程式，补偿剩余（CS）可以被计算出来：

$$CS = -\exp\left[\ln(\overline{I}) + \frac{\alpha}{\beta}(P1 - P2)\right] + \overline{I}$$

换一个角度，我们还可以计算等价剩余（ES），即如果不改善环境，应该给居民的最低补偿。居民要达到改善环境后的效用水平，至少应该获得的补偿为：

$$ES = \exp\left[\ln(\overline{I}) + \frac{\alpha}{\beta}(P2 - P1)\right] - \overline{I}$$

利用上述主观幸福感方法和表 6-2 的回归结果，我们可以测算出，每多排放一吨烟尘，应该补偿给一个家庭 2655.87 元；每多排放一吨二氧化硫，应该补偿给一个家庭 439.41 元。本书的数据中，收入表示的是家庭年收入，以一个家庭平均 3.2 个人计算（《中国统计年鉴》显示 2007 年户均人口数为 3.17 人），每多排放一吨烟尘，个人收入必须提高大约 837.81 元。在平均意义上，如果烟尘排放量减少一个标准差（2.849），一个家庭愿意支付的价格（补偿剩余）是 6690.35 元。如果这一个标准差的改善没有实现，为了达到改善后的效用水平，居民应获得（等价剩余）8604.16 元。本书的研究还表明，环境的不公平性问题在我国暂不存在，因此环境的价值对各群体而言不存在显著的差异。

6.6 本章小结

中国严重依赖资源和能源消耗的城市化进程给区域环境容量带来了巨大的压力，导致了严重的环境污染，“雾霾天气”等问题频繁地暴露出来。居民为粗放型的增长方式付出了沉重的代价，“极重污染”或“危险”的空气质量状况危害他们的身体健康，并对他们的生活和工作造成了困扰。尽管经济保持着强劲的增长势头，但国民的幸福感随着经济增长出现了停滞。恶劣的空气质量是造成该困境的重要原因。对于大多数居民来说，幸福才是真正的生活目标。据统计，全国至少 18 个省市明确提出了“幸福”概念，100 多个城市提出了要建设“幸福城市”，增进居民的幸福感已经成为各级政府的施政理念。只有充分重视环境问题，转变高污染和造成生态破坏的增长方式，居民的幸福感得以提高，经济增长才能实现它的民生意义。污染给社会产生成本，是一种劣的公共物品。由于其非市场物品的性质，它无法像私人物品一样在市场上定价。只有计算环境质量的经济价值，才能科学地制定环境政策。

本书利用 CGSS 2003 和 CGSS 2006 的调查数据在控制城市居民的个体特征变量之后，考察了环境污染对我国城市居民主观幸福感的影响，并且利用主观幸福感方法评估了环境的经济价值。主要结论表明：第一，居民的工作环境和生活环境对他们的主观幸福感有重要的影响。在工作中不得不把自己弄得很脏的居民感到不太幸福；居住在工矿区、老城区等社区的居民感到不太幸福。这表明我们应该尽快对老城区进行改造，让居民的生活环境更加整洁；在工业生产区和生活区之间设置隔离带，减轻工业生产对日常生活的影响。第二，环境污染显著地降低了居民的主观幸福感。主观认为所在城市空气污染严重的居民更不幸福，居住在二氧化硫排放量、烟尘排放量以及建筑和拆迁扬尘产生量较高地区的居民更不幸福。第三，环境污染对居民主观幸福感的影响不存在异质性。它对收入水平较低的人、居住在较差社区环境中的人、老年人以及受教育水平低的人的主观幸福感的负面作用并不比其他人强。第四，利用环境污染和居民主观幸福感的实证回归，我们演绎出主观幸福感方法，通过该方法计算出城市空气环境的经济价值为 837.81 元，即在保持居民主观幸福感不变的情况下，每多排放一吨烟尘，应补偿居民 837.81 元。

社会经济地位较低的人、老年人等群体在社会中处于弱势地位，空气污染目前并没有给他们造成更大的主观幸福感损失。如果任由空气污染继续恶化，它引发的人体疾病等问题可能会逐渐暴露出来，将对弱势群体造成极大的负面影响。因为穷人、老年人等在收入、身体条件等方面没有优势，对污染的敏感性很强，较容易陷入困境。当前，治理空气污染对各个社会阶层的主观幸福感都有促进作用，可以有效遏制我国社会不平等的进一步加重。居民对改善空气质量的支付意愿为 837.81 元，这个不小的数字为进行环境的政策评估提供了有力的支持。若不及时治理环境，将造成巨大的经济损失。总而言之，在经济高速增长中，我们应该重视城市化的质量，这对空气污染的治理将有极大的社会价值和经济价值。

7　研究结论与政策建议

我国经济持续高速增长，然而居民的主观幸福感却没有同步增长，甚至出现了“停滞”。幸福是居民生活的重要目标，主观幸福感已经成为反映民生状况的重要指标。我国各级党政部门的执政理念也开始转向以人为本，关注居民的主观幸福感状况。学者研究了收入、收入差距和住房等因素对居民主观幸福感的影响并提出了相关政策建议。但是，目前直接从政府角度出发研究居民主观幸福感的文献还比较少。事实上，政府是帮助国家走出“幸福—收入之谜”困境的关键因素。我国是一个典型的政府主导型经济国家，政府对居民主观幸福感的重要作用可能更为突出。研究我国地方政府如何作为才能有效增进居民的幸福感关系着党和中央政府的执政理念在地方的贯彻实施，具有重要的政策含义。本书主要研究了政府质量、公共支出及环境治理对居民主观幸福感的影响。

7.1 研究结论

本书首先研究了政府质量对我国居民主观幸福感的影响。本书研究发现：第一，政府质量对我国居民主观幸福感有显著的正向影响，它主要通过促进经济增长、增强社会信任和优化公共支出结构等方式影响我国居民的主观幸福感。第二，政府质量可以被分为政府技术质量和政府民主质量两个维度，政府技术质量主要影响我国中西部地区居民的主观幸福感，而政府民主质量主要影响我国东部地区居民的主观幸福感。第三，政府技术质量影响低收入和农村居民的主观幸福感，而政府民主质量影响高收入和城市居民的主观幸福感。

在此基础上，本书研究政府质量对我国公共部门与非公共部门就业者主观幸福感不平等的影响。我国公共部门就业者的主观福利高于其他部门就业者，这可能是由于他们能够利用公权力获取私利造成的。通过构建理论模型和进行实证研究，本书发现提升政府治理水平能够有效解决部门间的福利不均等。它能够约束公共部门工作者的行为，并且为非公共部门工作者创造良好的社会经济条件，进而缩小他们的主观福利差距。

接下来，本书研究政府公共支出对居民主观幸福感的影响。即使控制了政府质量，公共支出依然对我国居民主观幸福感有显著的影响。政府的教育支出、医疗卫生支出和社会保障支出等分项支出对居民主观幸福感有显著的正效应。在政府质量较高的地区，公共支出对居民主观幸福感的正效应更强。政府公共支出和社会性支出主要影响收入较低居民的主观幸福感。

最后，为了更具体地研究政府质量和公共支出对居民主观幸福感的影响，本书以环境公共物品为切入点，研究其对我国城市居民主观幸福感的影响。本书研究发现：第一，空气污染对我国城市居民的主观幸福感有显著的负面影响，城市的二氧化硫排放量、烟尘排放量以及建筑和拆迁扬尘产生量越高，导致居民的主观幸福感越低。政府必须加强环境治理以提高我国居民的主观幸福感。第二，我国暂不存在环境污染的异质性问题，空气污染对不同年龄、教育水平和社会经济地位人群的幸福感的影响没有显著差异。第三，利用主观幸福感评估方法计算城市居民对空气污染的支付意愿为837.81元，即在保持居民主观幸福感不变的情况下，每多排放一吨烟尘，应补偿居民837.81元。

7.2 政策建议

第一，政府在坚持促进经济增长的同时，也要提升居民的主观幸福感。关于居民的主观幸福感研究不仅具有理论意义，更重要的是其具有的实践意义。“唯GDP论”在我国的发展中有其可取之处，但随着人民生活水平的提高，以及腐败和环境污染等问题的出现，我们要将目标转向居民福利的提高。把提高人们的幸福感水平作为经济社会发展的目标，是人类社会进步的主要体现，也是小康社会向富裕社会迈进的主要途径。只有提升居民的主观幸福感，政府和公共政策才能实现它的民生意义。各级政府应追踪居民的主观幸福感状况，结合本地的社会经济情况，切实提高居民的主观幸福感。

第二，提高政府质量，从而促进我国居民主观幸福感水平的提高，缩小我国公共部门与非公共部门职工的福利差距。改进政府治理的根本解决之道在于推进行政体制改革、司法体制改革等各项改革，坚持依法行政，保持多种权力之间的监督与制衡机制。政府治理水平的提升首先从规范政府职能入手，把政府权力纳入程序化的进程中，遏制越位、缺位、错位现象。政府职能和公务人员所掌握的公共权力在法律限制的范围内，按照程序依法办事，充分保证公民的平等、民主和其他权利。随着社会经济的发展，积极推进政府职能的转变，在地方政府完成民营化和培育地方市场方面的历史使命后，就应该削弱它们的政治企业家地位，发挥它们提供"软件性"公共物品的作用。其次，厘清政府公务人员的权责利关系，建立监督、奖励与惩罚机制，保证政府内部的活力与竞争压力。合理的权力结构及运行机制能有效防止权力腐败，提高行政系统执行力。明确规定各级岗位的职责，确保信息的有效畅通，协调好各方之间的行为将极大缩减社会为行政系统的"委托—代理"结构付出的成本。

第三，优化公共支出结构，增加社会性公共支出，从而提升居民的主观幸福感。在国家由计划经济向市场经济转型的过程中，政府掌握的资源减少，社会保障、医疗等公共物品供给不足。长期以来，我国激励官员的目标与政府职能的合理设计之间存在冲突，导致公共支出返还给民生的比例一直偏低，公共支出的效率也较低。民生发展有赖于公共资源的有效配置和使用，政府应该由经济建设型政府向公共服务型政府转变，由"生产建设型"财政向"公共财政、民生财政、绿色财政、阳光财政"转变。为建立和完善民生财政，必须完善转移支付体系，增强基层政府财政在公共产品和公共服务中提供的保障能力，突出基层政府财政在统筹城乡发展中的重要作用。加强各级人大对财政的监管职能，做到预算规划的民主化、预算执行的透明化以及预算评估的公开化，以保障财政资金使用的合法化、公平化和使用效率。公共财政在二次分配中的作用将增加居民的实际收入和购买力，减少他们的后顾之忧，最终实现具有高度幸福感的生活。

第四，提高环境等公共物品的质量，提高居民的主观幸福感水平。为了实现增进国民幸福感的民生目标，治理环境刻不容缓。治理空气污染的根本在于转变经济增长方式，依靠科技进步，推动产业结构优化升级，走新型工业化道路。同时，加快治污立法，明确政府、企业在空气污染中的责任。在地方政府的绩效考核中，引入包含环境治理在内的多目标激励机制，让地方官员在促进城市经济增长的同时也关注环境质量。改善空气质量是政府建设“幸福城市”的必经之路。只有满足居民对洁净空气的需求，让居民不用时刻担心自己的健康受到污染的威胁，一个城市才是真正的“幸福城市”。工业企业作为重要的污染源，必须加快节能减排等技术升级，承担起增强居民主观幸福感的社会责任。

7.3 研究的不足

本书研究了政府质量、公共支出与公共物品供给对居民主观幸福感的影响。在研究政府质量对居民主观幸福感的影响时，本书从理论上分析认为政府质量通过影响经济增长、社会信任和公共支出结构进而影响居民主观幸福感。然而，由于获得数据的限制，在经验分析中，本书只控制了经济发展水平，并没有控制社会信任和公共支出结构，这导致我们无法充分地从经验上验证政府质量对居民主观幸福感的影响渠道。这是本书研究的一大缺憾。关于公共支出和公共物品供给对居民主观幸福感的影响也有待进一步深化。尽管本书使用中国综合社会调查（CGSS）2003 年、2006 年以及 2010 年的数据进行实证分析，但是 CGSS 数据并不是面板数据，而且本书的每一个章节仅使用了一年或两年的数据进行研究。如果能获得关于居民主观幸福感的面板数据，将极大地减少遗漏变量偏误和反向因果问题，从而提升研究的有效性。

书中的主观幸福感变量主要是基于单个问题的调查，缺乏针对性的幸福量表。CGSS 是由权威学术机构组织的调查，问卷设计很合理，调查员也都经过了严格的培训。它已经把居民自评幸福感可能出现的偏误降到最低。而各级政府、社会机构以及媒体都对居民的主观幸福感状况展开了调查，这样的调查出现偏误的可能性很大。随着“幸福”这一词语成为流行语，居民对“总体上而言，您觉得自己的生活幸福吗”等主观性较强的问题的回答可能不再理性。我国有一百多个城市在正式场合明确提出“幸福”概念，将“幸福”列为施政目标。有些学者提出直接以“幸福指数”取代GDP作为考核官员绩效的指标，这一做法必须慎重。如果以辖区内居民的主观幸福感作为考核指标，那么官员极可能以利益驱使居民作出假的回答。

目前我国正处于“幸福—收入之谜”的困境之中，关于政府如何作为才能走出这一困境还有许多需要研究的地方。未来的研究可以建立数理经济模型进行更为理性的分析，也可以继续深入分析政府对居民主观幸福感的作用机制，还可以从政府公共物品供给等角度挖掘出更多影响我国居民主观幸福感的关键因素。

8 幸福研究展望

8.1　幸福区域差异研究

尽管关于个人主观幸福感的研究取得了巨大的成就，但经济学家、社会学家和心理学家并未止步于此。学者试图从区域的角度去研究幸福问题，比如研究一个国家或者地区的整体幸福水平。区域幸福学者首先研究了各国的整体幸福水平及其分布状况。由于各国语言和文化习俗等差异很大，基于国家视角的幸福研究存在严重的内生性问题。而一国内部的各地区各方面的特征具有相似性，研究国家内部的区域幸福状况能良好地解决内生性问题。学者对美国国内的区域幸福进行研究，发现各州的整体幸福水平存在显著的差异。那么，我国是否存在区域幸福不均衡问题？区域幸福差异不利于生产要素在空间上的合理配置，还极易导致区域发展两极化。本研究将关注我国各省的整体幸福状况，探究各省幸福水平差异的原因并提出相应的政策建议。尽管人力资源等生产要素总是向高产出的地区聚集，导致发达区域获得更多的资源并取得更快的发展。但是，除了收入等经济因素外，幸福也是个人追求的目标。通过提升省级幸福水平，有利于吸引生产要素，从而促进社会经济的发展。

从区域层面研究群体的幸福水平，将区域经济学和幸福经济学有机地结合起来，拓展了个人幸福研究的文献。探究影响区域幸福水平差异的因素，将进一步论证个人幸福研究所得到的结论。依托区位政策优势，我国东部省份走上了快速发展的道路，中西部地区的发展水平则较为落后。中国各省不仅存在经济发展不平衡问题，社会发展等方面的差异也很大。东部省份的居民生活状况、卫生保健、文化体育和教育科技等方面的表现都优于中西部地区。GDP不能全面地反映各省的发展与进步，而幸福水平作为反映福利的综合性指标，能够衡量社会的综合性发展。从省级幸福角度展开的研究，考虑了社会发展等非市场因素，突破了基于 GDP 指标的传统区域经济差异研究方法。我们能够从包含 GDP 和非市场因素的综合视域研究区域整体社会经济发展差异问题。

8.1.1 概念界定与研究综述

幸福研究不能只局限于个体层面，从国家、省或者市层面展开的研究有利于更全面地理解幸福。Oswald and Wu（2011）和 Lucas（2014）等学者明确提出了区域层面的幸福水平（regional levels of life satisfaction）和总体幸福水平（aggregate levels of wellbeing）等概念。我国学者孙三百等（2014）则在研究中使用“社会群体幸福感”和“集体幸福感”等概念表达相似的意思。研究机构和学者早就开始关注国家层面的幸福，经济学人智库编制了一项测度国家幸福的指数，利用多项主观和客观数据计算了一百多个国家的幸福程度（Economist Intelligence Unit，2005）。Diener（2000）、Stevenson and Wolfers（2008）和 Oishi et al.（2009）也以国家为区域单位进行研究，发现丹麦、瑞士和加拿大等国的幸福水平显著高于其他国家。然而，各国的制度和文化存在本质差异，上述国家幸福研究就存在严重的问题，Veenhoven（2009）提出对一个国家内部各区域的研究更有利于科学地解读幸福。

区域幸福差距研究的第一步在于度量区域的幸福感状况，并分析各区域幸福水平的分布状况。Rentfrow et al.（2009）利用盖洛普幸福指数研究幸福感在美国各州进行分布状况，发现幸福程度高低存在显著的变异性。Oswald and Wu（2011）利用美国行为风险因素监测系统的数据对美国各州进行研究得到了与之类似的结论，认为美国路易斯安那和华盛顿州的幸福程度更高，而加利福尼亚州和西弗吉尼亚州的幸福程度较低。即使充分考虑收入等区域特征后，各州的幸福水平差异仍然存在。Lawless and Lucas（2011）认为系统性评估各地域的整体幸福感非常必要，并对美国各县的幸福水平进行研究。方差分析表明各县级层面的区域幸福感存在显著的差异。利用更丰富的数据和更为严谨的模型，Lucas（2013）发现美国各县的整体幸福感确实存在显著差异，较为幸福的县的规模增长得更快，因为其吸引了其他地区的人口迁往该地居住。Glaeser et al.（2014）进一步研究了美国各城市的幸福状况。在利用多套调查数据证实了美国各城市的幸福水平存在差距后，他们还追溯历史，发现有些城市早在三十年前就不太幸福。

哪些因素会影响一国内部各区域的幸福感差异呢？丰富的文献研究了影响个人层面幸福的因素，却不知这些因素在总体幸福水平上能否发挥同样的作用。已有的跨国研究表明，这些因素中有一些能够影响群体层面的幸福感。然而，在一国内部各区域幸福的研究中，哪些因素会发挥作用，我们尚不明确。多项研究表明，收入是影响幸福感的关键因素（Deaton，2008）。较高的收入水平能够确保基本需求得到满足，而如果人的基本需求得不到满足，势必会感到不太幸福。根据经济学理论，高收入还会给我们提供多样化的选择，意味着多方面的需求得到满足，从而获得较高的幸福水平（Diener et al.，2009）。因而，收入能够解释为什么富人更幸福，以及美国能比较为富裕的国家的幸福水平更高。多位富人的累积作用，导致了收入对国家或区域整体层面上的幸福也能发挥重要的作用。富裕的国家能够为居民提供更好的公共服务，收入水平是导致某些国家的幸福水平高于另一些国家的重要原因（Stevenson and Wolfers，2008）。即便如此，我们也并不能断定一个国家内部的收入一定与一个区域的幸福感正相关。事实上，Layard（2005）的研究表明，对于那些比较贫困的国家，收入对幸福的作用很大，而这种作用力在富裕的国家中明显减弱。Luttmer（2005）认为，社会比较影响了收入与幸福感之间的关系，也就是说，控制了收入之后，较低的相对社会地位会影响幸福感。那么，我们就不能把收入与幸福在个人和国家层面的研究结论，直接应用于一国内部的区域研究中。Rentfrow et al.（2009）对美国各州的收入和幸福感进行了实证研究，结论表明收入与州级幸福感的相关性较低，相关系数仅为0.30。

除了收入之外，我们还必须找到其他影响国家内部各区域幸福感差异的因素。跨国研究中影响国家幸福的因素可以给我们一些启示。Schyns（1998）对40个国家的研究表明，控制收入变量后，文化因素能够影响国家的幸福感。而Diener et al.（2009）却认为，经济和文化因素的相关性太强，以至于无法清晰地分辨究竟是哪个因素影响了国家幸福。因而，文化因素如何影响一国内各区域的幸福感有待实证检验。总结影响个人主观幸福感的因素，也能够为区域研究提供启示。Lucas and Dyrenforth（2006）认为，社会关系对个人的幸福感有重要的影响，那么，一个社会联系较为紧密的区域的整体幸福水平也可能会更高。已有的研究认为，婚姻状态对个人幸福有重要的影响，离婚和丧偶对人的幸福感有不利的影响，而已婚人士的幸福感高于其他组群（Zur and Michael，2009）。每个地区的离婚率不同，离婚率较高的地区中不那么幸福的人群较多，有可能影响该区域的整体幸福水平。个体的身体健康状况是影响幸福感的又一关键因素。健康状况在地理空间上具有变异性，心理健康状况也具有同样的特征（Moriarty et al.，2009）。因而，一个区域的疾病发生率或者死亡率都可能影响幸福状况。除此之外，区域自身的特征也会影响整体幸福感。比如该区域的城市化水水平、环境质量和人口密度都能够影响幸福水平。Rentfrow et al.（2009）从实证上初步探索了除收入以外，影响美国各州间幸福水平差距的因素，认为平均受教育程度高、在“创造性产业”就业的人数多以及文化包容度强是一些州更幸福的原因。Lawless and Lucas（2011）对美国各县整体幸福感的经验研究认为，人口密度和健康水平等因素是导致幸福水平存在县际变异的重要原因。

学者主要从个人层面研究主观幸福问题，认为个体特征和宏观社会经济特征影响了居民的幸福水平。Easterlin（1974）提出了著名的“幸福—收入之谜”，各国学者探讨了它在世界范围内或者一国内部是否存在。我国学者关注了中国社会经济转型中的特有因素对居民幸福的影响。从个体特征层面上，认为价值观、受教育水平和住房产权影响了居民的幸福；从宏观社会经济层面上，认为政府质量、社会性公共支出和环境质量有利于提升居民的幸福度。然而，学者并不局限于个人幸福的研究，开始从区域的视域研究幸福感问题。多位学者研究了各国的整体幸福水平，并试图研究一些国家的幸福水平更高的原因。然而，各国的居民个性特征和社会文化因素的巨大差异降低了这些研究的有效性。国家内部各区域间不可观测的差异较小，对一国内部各区域幸福的研究能够增加结论的有效性。Rentfrow et al.（2009）和 Oswald and Wu（2011）研究了美国各州的整体幸福感，发现各州的幸福水平存在差异，并试图从人均 GDP、整体受教育程度和社会文化特征等角度解释这一差异。孙三百等（2014）初步研究了我国各区域的整体幸福感问题，并提出了“集体幸福感”的概念。区域发展不均衡一直是困扰我国发展的重要问题，在这一背景下，研究各省的幸福度差异显得十分重要。国外学者的研究并没有详尽地分析影响各地区幸福存在差异的原因。我国学者也只是初步提出了省级集体幸福的概念，还没有对这一问题进行深入的分析。本研究将结合国外区域幸福研究的已有成果和我国社会经济转型中的特征，研究我国的省级幸福度现状及分布状况，并从政府行为、经济发展状况和文化特征的角度探索省际幸福差异的原因。

8.1.2 研究方向

（1）中国各省整体幸福水平的现状分析。本研究以省为单位，分析经济地理空间上的居民幸福感状况。利用多项中国微观调查的数据，基于经典主观幸福感回归模型，估计各省的固定效应并计算城市的整体幸福状况。在此基础上，对各省幸福感状况进行描述性分析。利用 F 检验对城市固定效应进行检验，并进一步检验固定效应的方差的显著性，从而获知各个省幸福感的差异状况。

（2）省际幸福差异的影响因素研究。已有研究表明，个体特征和社会经济变量影响每个居民的主观幸福感，GDP 和文化因素等影响一个国家的整体幸福感。本研究将关注影响各个省的整体幸福水平的主要因素。在测算出各省的幸福水平后，本研究可以进一步探究是哪些因素导致了有些省的幸福水平较高，而有些省的幸福水平较低。本研究从 GDP 水平、城市化率、整体受教育水平和健康水平等角度出发，研究这一问题。

（3）提升各省的整体幸福水平的政策建议。提升幸福感已经成为各省重要的施政目标，在研究个人层面的主观幸福感时，学者提出了相应的政策建议。一个省的整体幸福水平并不等同于每个居民幸福的简单加总，提升每个居民的幸福也不一定能够提升集体的幸福。本研究直接从省级层面研究主观幸福感问题，能够为公共政策的制定提供更为直接的参考资料。

8.1.3 研究模型和变量

参考 Lawless and Lucas（2011）和 Glaeser et al.（2014）的研究，本研究的实证模型设定如下：

$$Happiness_{ijk} = Micro_{ijk} + Macro_{ik} + \mu_{jk} + \xi_{ijk} \quad (8.1)$$

研究模型（8.1）中，被解释变量为 $Happiness_{ij}$，即 j 省的居民 i 在 k 年的幸福感状况。变量取自被调查者对“总体而言，您对自己所过的生活的感觉是怎么样的呢?”的回答。他们可在数字 1 到 5 之间进行选择，1 表示非常不幸福，5 表示非常幸福。解释变量为个体层面的向量 $Micro_{ijk}$ 和省级层面变量 $Macro_{ijk}$。个体层面变量主要包括性别、年龄、受教育水平、收入、健康状况、婚姻状况和相对社会地位等。在对居民主观幸福感的调查问卷中，要求被调查者提交所有的个体特征数据。相对社会地位变量取自问卷要求被调查者对“在您看来，您本人的社会经济地位属于上层、中上层、中层、中下层还是下层”的回答。宏观变量主要包括省人均 GDP、人口城市化率、收入差距、腐败程度以及对教育和医疗公共品的投入等变量。通过对（8.1）式进行回归分析，我们可以计算出每个省的整体幸福状况 μ_{jk}。利用 F 检验等方差检验工具，我们可以对幸福感的区域差异进行分析。

得到第一步的回归结果后，我们设立第二步的研究模型：

$$Happiness_{jk} = Govern_{jk} + Econ_{ik} + Socia_{ik} + \xi_{jk} \quad (8.2)$$

模型（8.1）的被解释变量是每个居民的主观幸福感水平，模型（8.2）的被解释变量是 j 省在 k 年的整体幸福状况。参考 Oswald and Wu（2011）、Glaeser et al.（2014）、孙三百等（2014）的做法，本研究以模型（8.1）各省的固定效应衡量各省的整体幸福水平。我们从省级的政府行为、经济状况和社会发展三个角度去寻找导致各省幸福感水平存在差距的原因。政府行为主要考虑腐败程度以及对教育和医疗公共品的投入两个方面；经济状况主要考虑人均 GDP、人口城市化率和收入差距三个方面；社会发展主要考虑全省整体受教育水平。腐败程度通过腐败案件的立案数来衡量；

对教育和医疗公共品的投入通过教育和医疗支出占总公共支出的比例衡量；人口城市化率通过城镇人口占总人口的比重衡量；收入差距通过收入最高的20%和收入最低的20%之比衡量。全省整体受教育水平通过全省拥有大专及以上文凭占总人口的比重来度量。

8.1.4 主要创新之处

第一，从省级幸福的视角研究居民主观幸福感问题。主观幸福感是个人对自身生活质量的评价，对主观幸福感问题的研究主要从个体层面展开。而本研究扩宽视野，研究各省的整体幸福状况，强调社会群体层面的幸福特征。幸福经济学者主要研究个体特征或者社会经济特征对居民幸福的影响程度或机制；本研究则通过分析省际幸福差异，识别增进区域幸福感的关键因素。

第二，本研究拓宽了传统区域经济差异研究的视域，从整体发展质量的角度丰富了区域发展差异的研究。已有研究计算各省GDP的变异系数和泰尔指数，以测度各省的经济差异，然而，各省的居民健康水平和受教育程度等也具有变异性，我们必须考虑这些问题对区域发展的影响。因而，我们使用主观幸福感指标，研究省际幸福水平的差异，从理论上寻找区域经济学、劳动经济学与幸福经济学的交汇点，改变学科之间相互脱节的现状。

8.2 城市幸福研究

幸福逐渐成为许多国家关心的施政目标，在我国也日益得到各级政府的重视。与之相对应，整个社会对幸福的关注度很高，每年都有多个机构以问卷等形式调查国民幸福。央视联合国家统计局等机构连续10年调查100多个城市的居民幸福状况，每年计算各地自评为“很幸福”和“比较幸福”的人数占所有被调查者之比，将比例最高的前十名评选为“中国幸福城市”。中科院宜居城市研究团队2016年也调研了多地居民对自身幸福的评价，并用类似的方法衡量城市幸福水平，对外公布了最幸福的十个城市。新华社和中国市长协会等多个机构也进行调研并发布“十大最具幸福感城市”榜单。上述几个调研选取的城市、抽样方法以及最终测算出的幸福得分最高的城市都不尽一致，却都印证了倪鹏飞等（2012）的研究发现，即城市幸福水平存在空间差异。那么，为何会有居民愿意生活在幸福排名靠后（幸福水平不高）的城市？我国的城市化进程正在飞速推进中，农村剩余劳动力源源不断地流入城市。劳动力流动呈现不均衡的现象，主要表现为中西部地区的农村劳动力倾向于流动到东部地区。分析任何一份“幸福城市十强”榜单，都可发现榜上城市并不是样本中外来人口最多的城市。陈刚和李树（2012）认为幸福是重要的人生目标，流动劳动力却为何不选择流向幸福水平最高的城市呢？

多项调研发现，各城市的幸福水平存在显著差异，看似挑战了城市经济学的经典范式——空间均衡理论。根据 Alonso（1962）、Rosen（1976）和 Roback（1982）的观点，若工资和价格能自由调节，均衡状态下居民不能通过在区域间流动获得效用的提升，各城市的效用水平应该相等。现实和理论的不一致性可以从两个方面来解释：第一，当前发现的城市幸福水平的空间差异可能仅反映了各地居民个体特征存在的差异。第二，幸福感不等同于“效用”，均衡的效用水平并不意味着均衡的幸福水平。居民不迁往幸福程度最高的城市，可能是因为在其居住地获得了其他形式的效用补偿。本研究将考虑居民异质性问题，对城市幸福水平进行无偏估计，分析是否存在空间差异并建立“幸福—效用”理论框架进行解释。20 世纪 70 年代，伊斯特林提出“幸福—收入悖论”，大量文献研究居民主观幸福感的影响因素。然而，目前的研究较少从横向视角出发，关注幸福在地理空间上的分布。同时，幸福研究也不应只局限于居民个体层面，城市层面的幸福研究不仅能够缓解个体指标的内生性，还拓展了已有结论。

我国中西部地区的产业逐步发展起来，提供了丰富的就业岗位和有竞争力的工资水平。在目标迁移城市上，流动劳动力拥有了更为多样化的选择。城市的幸福水平及生活质量已经成为他们重要的考虑因素（吴文钰，2010）。注重生活质量的居民流动到幸福水平较高的城市，自身的幸福感也能有所提升。据国家统计局的数据，我国跨省流动的农村剩余劳动力已经减少，越来越多的人返乡就业。因而，研究各城市的幸福状况及差距对我国流动人口恰当的空间选择和城市的进一步发展具有重要意义。我国已经有100多座城市提出要建设“幸福城市”，让居民感觉生活得非常幸福。比如，重庆希望成为“幸福感最强的地区之一”；武汉市早在2012年就编制《幸福城市专项规划》；深圳则强调“建设民生幸福城市”。以建设幸福城市为公共政策目标体现了执政理念的进步，有利于居民共享经济发展成果。本研究对城市幸福的关注不仅扩充了幸福研究的领域，还能够为地方政府的政策目标提供更为直接的经验证据和智力支持，幸福感较低的城市能够从幸福感较高的城市获得重要的政策启示。

8.2.1 概念界定与研究综述

居民所处区域的宏观经济因素对其主观幸福感有重要的影响，富裕程度较高和收入不平等程度较低地区的居民自评幸福水平更高（Diener et al., 2003；Pittau et al., 2010）。除此之外，包容性和开放性等社会环境特征，以及气候和空气质量等自然环境特征都被证明会影响个体幸福（Stanca，2010）。同一区域的居民所报告的主观幸福感具有明显的当地特征，学者试图以地理区域为视角研究幸福，比如关注国家层面的幸福。经济学人智库编制了一项测度国家幸福的指数，利用多项主观和客观数据计算了一百多个国家的幸福程度（Economist Intelligence Unit，2005）。Oswald and Wu（2011）和Lucas（2014）等学者明确提出了区域层面的幸福水平（regional levels of life satisfaction）和总体幸福幸福水平（aggregate levels of wellbeing）等概念。孙三百等（2014）则在研究中使用“社会群体幸福感”和“集体幸福感”等表达类似的意思。Diener（2000）和Stevenson and Wolfers（2008）也以国家为区域单位进行研究，发现丹麦、瑞士和加拿大等国的幸福水平显著高于其他国家。然而，各国的制度和文化存在本质差异，上述国家幸福研究因而存在内生性问题，Veenhoven（2009）提出对一个国家内部各区域的研究更有利于科学地解读幸福。

相较于本国的其他区域，每个地区的幸福水平都表现出其独特性。测度城市幸福和其他层级区域的整体幸福，也就绘制了一国居民幸福的空间分布地图。盖洛普调查认为区域幸福应从经济能力、社会关系和社区生活等五个方面来度量，通过对一个州的样本居民进行调查以采集上述五个方面的数据，经加权计算后便可得到这个州的幸福水平（Gallup，2008—2014）。从2008年起，该机构每年进行调研并公布全美50个州的幸福指数，结果显示北部平原区和西部山区各州的幸福程度更高。Lawless and Lucas（2011）利用2005—2008年行为风险因素监测系统（BRFSS）中的主观幸福感数据，计算了美国各县的整体幸福水平，发现它们连续4年都存在变异性。基于个体主观幸福感的经典回归模型，Oswald and Wu（2011）创立了全新的区域幸福测度方法，研究结果表明美国路易斯安那州和华盛顿的幸福感较高，而加利福尼亚和西弗吉尼亚州的幸福水平较低。利用类似方法对县级层面进行研究发现，美国各县的整体幸福水平也存在显著的差异（Lucas，2014）。Glaeser et al.（2014）进一步发展了该测度方法，研究表明美国各城市幸福感变异程度相当于个体幸福变异的6%。即使控制了就业状况和收入水平等变量，城市间幸福差异依然存在。

在关注区域间幸福感差距的同时，学者也探究了差距产生的原因。收入是最常被提及的与主观幸福感相关的变量，一般认为，它通过满足基本生活需求和提供多样化的选择等方式提升居民的幸福感。然而收入是否具有累积作用，区域内富人较多是否会导致整体幸福感更高还有待检验。Rentfrow et al.（2009）利用盖洛普调查数据的研究发现，收入与各州的幸福指数呈正相关关系。基于县级层面的研究也证明了收入与群体幸福呈正相关性（Lawless and Lucas，2011）。而Oswald and Wu（2011）控制个体收入后研究区域幸福的相关变量，发现越富裕的州反而幸福水平越低，可能是因为幸福程度高的区域的居民获得的经济报酬更少。Florida et al.（2013）认为，人力资本积累对城市幸福的影响力大于收入。受教育程度越高的人并不一定越幸福，而区域的人力资本水平通过降低犯罪率、提升学校质量和优化消费体验等方式促进城市整体幸福水平的提升。Lawless and Lucas（2011）认为人口规模越小的县越幸福。而 Glaeser et al.（2014）却发现人口增长率与城市幸福呈正相关关系。学者还研究了已婚人口占比、健康水平和社会包容性对各区域幸福的影响，认为它们之间存在正相关关系。

随着中国城市化进程的不断推进，学者越来越关注城市特征对居民主观幸福感的影响。环境污染、城市规模及户籍制度等都与居民的幸福息息相关。环境污染作为困扰我国多个城市的重要问题已经对居民幸福感造成了显著的不利影响（黄永明和何凌云，2013）。人口城市化进程导致城市规模迅速扩大。一种观点认为生活在规模较大的城市中的居民幸福感更强（Jiang et al.，2012）；另一种观点则认为城市规模与幸福感呈倒 U 形关系（孙三百等，2014）。城市户籍制度导致居民间福利差异日益突出。Jiang et al.（2012）认为户籍制度造成有户口和没户口的居民在享受公共服务上具有不平等性，导致城市居民幸福感降低。陈钊等（2012）发现户籍制度对外来高教育水平者造成进入壁垒，机会不均等降低了该群体的幸福感。

现有中国幸福研究文献以区域整体为分析单元的比较少，一些学者尝试性地对城市幸福进行了研究。孙三百等（2014）研究了流动人口的幸福感和迁入地的集体的幸福感，只有这两者的幸福感都有所提升，移民的空间选择才是合理的。倪鹏飞等（2012）从城市的视角研究社会群体的幸福感，以所有被调查者的幸福均值衡量城市幸福，发现城市幸福呈现显著的地域差异。与收入密切相关的变量对空间差异有重要的影响，而人均 GDP、基础设施和城市特征的影响不大，影响因素还存在区域效应。我国学者还从其他多个方面对“幸福城市”展开研究。夏书章（2011）探讨了如何建设和治理幸福城市，认为必须注意环境保护、旧城改造和防治“城市病”等问题。陈志霞（2012）论述了构建城市幸福指数的重要意义，提出指标体系主要包括主观幸福感、心理幸福感和社会幸福感等方面。在已有研究的基础上，本研究将对城市幸福进行全面深入的探讨。

8.2.2 研究内容

（1）城市幸福的测度

①利用均值法测度城市幸福水平。Lawless and Lucas（2011）和倪鹏飞等（2012）都以区域内所有被调查者自评幸福感的均值衡量该区域的幸福状况。参考他们的做法，本研究首先使用均值法计算各城市的幸福水平。

②利用固定效应法测度城市幸福水平。均值测度法虽然易于操作，却没有考虑个体的异质性，导致后续研究城市空间差异存在内生性问题。参考 Oswald and Wu（2011）和 Glaeser et al.（2014）关于区域总体幸福水平以及城市幸福的研究，结合中国的实际情况，本研究利用固定效应法测度城市幸福水平。固定效应测度方法以个人主观幸福感研究的经典模型为基础，模型中一般要控制被调查者所在城市的固定效应，这个虚拟变量的回归值反映了生活在该城市的收益或损失，能够有效衡量城市幸福水平。本研究建立的个体幸福的影响因素模型如（8.3）所示：

$$Happiness_{ijt} = \alpha + Indiv_{ijt}\beta + \gamma_t + u_j + v_{jt} + \varepsilon_{ij} \tag{8.3}$$

模型（8.3）的被解释变量 $Happiness_{ijt}$ 为居民的自评幸福水平，受访者对幸福问题的回答依次被赋值为 1、2、3、4、5，个人感觉越幸福，赋值越高。$Indiv_{ijt}$ 表示个体控制变量矩阵。u_j 表示每个城市的地域效应，γ_t 表示时间固定效应，ε_{ij} 是随机扰动项。根据 Oswald and Wu（2011）和 Glaeser et al.（2014）的观点，城市虚拟变量 u_j 反映了 j 地的幸福状况。通过实证回归，我们就能估计出 u_j，从而测量出每个城市的幸福水平。

③利用混合效应法测度城市幸福水平。被调查居民占总体的比例很小，样本的变异性导致固定效应估计量的噪音较大。Gelman and Hill（2007）和 Lucas（2014）认为通过假设区域效应是随机的，有助于解决该问题。因而，本研究使用混合效应法更充分地利用样本信息，弥补固定效应法的不足。依然以模型（8.3）为基础，解释变量 $Indiv_{ijt}$、时间虚拟变量 γ_t 以及常数项都与被解释变量是固定的关系，残差 ε_{ij} 为随机项。与固定效应法不同的是，此

时我们假设城市虚拟变量 u_j 为随机效应。模型（8.3）中既含固定效应又含随机效应，因而被称作混合效应模型。利用 STATA 中的 mixed 等命令能估计模型的系数，还可以进一步计算 u_j，也就得出了每个城市的幸福水平。

（2）城市幸福空间差异的统计检验与测量

①检验城市幸福空间差异的统计意义。央视财经、国家统计局和中国邮政连续 10 年评选十大幸福城市。新华社和中国市长协会也连续多年评选十大幸福城市。除此之外，中国城市竞争力研究会、中科院宜居城市研究团队和中国公共经济研究会等都进行过城市幸福排名，并对外公布排名最靠前的十个城市。评选十大幸福城市事实上就说明了各城市的幸福水平存在空间差异，有些城市的幸福水平更高。本研究利用三种方法测度各城市的幸福水平，初步发现城市幸福水平存在空间差异。本部分首先检验差异的统计显著性。检验的第一步基于模型（8.3）的固定效应回归结果，利用 F 统计量检验各地区固定效应的联合显著性。若 F 值在 1%的显著性水平上拒绝零假设，证明了固定效应法测度的城市幸福水平并非无关变量。检验的第二步利用模型（8.3）的混合效应回归结果，对混合效应回归结果和不包含区域随机效应的受限模型进行似然比检验。在这两方面验证的基础上，进一步选取混合效应模型中总体方差的估计量 σ_u^2，它反映了所有城市幸福水平的变异程度，检验其显著性即检验城市幸福水平空间差异的显著性。

②测量城市幸福差距的大小。检验城市幸福水平空间差异的统计意义后，本研究还将继续探究其差距有多大。利用固定效应法和混合效应法的回归结果，分别计算固定效应法和混合效应法测度的样本城市幸福得分的标准差 $sd(\hat{u}_j)$。为了更直接地得出城市间幸福差距，可把 $sd(\hat{u}_j)$ 对比个体特征对幸福感的影响程度进行分析。

③分析城市幸福水平的空间差异是长期效应还是短期效应。各城市幸福水平差异可能是地区特征的短期表现，比如一些城市风景秀美，气候宜人，让生活在其中的居民感觉很幸福。同时也存在一种可能，短期的冲击影响了样本期的幸福水平，比如城市突发地震等自然灾害，当地居民蒙受的心理阴影短时间内难以消散。首先，

利用包含随时间变化的区域效应 ν_{jt} 的混合随机效应回归结果，分别检验长期区域效应 u_j 和短期效应 ν_{jt} 的影响力，从而辨别两种效应的重要性。其次，基于分年度回归结果，分析两年所测度的城市幸福得分的相关关系。若方向一致且相关系数大，则证明城市幸福差异是由长期效应导致的。

（3）城市化、劳动力迁移与城市幸福感波动

①城市规模变动对幸福感的影响。我国处在飞速的城市化进程中，流动劳动力不断向城市迁移。幸福城市是否对流动劳动力有拉力作用？劳动者的迁移行为是否为一种“幸福迁移”？迁移后是否提升了自身的幸福感？对迁入城市的幸福水平产生了何种程度的影响？新移民的迁移行为造成了城市规模的变化，本部分首先建立实证模型探讨城市规模变动对幸福感的影响。

②劳动力迁移行为对城市幸福波动的影响。移民在迁移前会选择所迁往的目标城市，其迁移行为会造成城市规模的变动，同时也会造成城市固有特征的变动。本部分探讨迁移行为对目标城市幸福水平的影响，如果迁入能够对目标城市的幸福感带来正向影响，那种这种迁移行为可以视为一种利他的集体理性。这里对移民迁移行为的个体幸福感也进行研究，关注他们是否迁往了有利于提升自身幸福水平的城市。在我国的城市化体系重构中，可以重点关注既能提升移民自身幸福感也能提升城市总体幸福感的城市。

③劳动力流动现状与城市幸福匹配性。近年来，我国劳动力持续向城市迁移，他们是否迁往了幸福感较高的城市呢？本部分利用第五次和第六次人口普查数据，计算每个城市的人口变化量，了解各城市人口是处于流入还是外流状态。结合城市幸福水平状况，分析劳动力是否迁往了幸福程度较高的城市。如果劳动力并没有迁往幸福水平较高的城市，那么必须对这种非理性行为进行解释。

（4）城市幸福感的影响因素分析

①城市幸福感的空间相关性考察。各城市的幸福水平存在空间差异，那么为什么有些城市跻身于最幸福之列，而有些城市的幸福水平较低？本部分对城市幸福感的影响因素进行研究。各城市之间存在空间关联，传统的计量方法未考虑到这一点，导致估计量有

偏。本研究首先进行城市幸福感得分的全局空间自相关检验(Moran'sI)。观察 Moran'sI 值，可以分析空间自相关的趋势，也能直观地了解城市幸福的空间分布特征。

②构建空间计量模型，分析城市幸福感的影响因素。参考关于城市幸福的研究模型，参考郑思齐等（2011）的做法，构建如式(8.4）所示的模型，以城市幸福水平为被解释变量，从政府行为、经济收入和社会发展三个方面进行回归分析。

$$Cityhap_{jt} = Govern_{jt} + Econ_{jt} + Socia_{it} + \xi_{jt} \tag{8.4}$$

模型（8.4）中，被解释变量 $Cityhap_{jt}$ 表示城市 j 在 t 年的幸福水平。自变量 $Govern_{jt}$ 为政府行为变量，主要考虑公共物品的供给状况和环境治理力度等方面；$Econ_{jt}$ 为各城市的经济因素，包括人均 GDP 和人均城乡居民储蓄年末余额等因素；$Socia_{jt}$ 为社会发展变量，从全省整体受教育水平和健康水平角度考虑。

为了考虑空间溢出效应，本研究拟采用能够考虑空间溢出效应的空间滞后模型（Spatial Lag Model，SLM）和空间误差模型(Spatial Error Model，SEM）进行空间回归分析。为了选取适合的模型，使用两个拉格朗日乘数（Lagrange Multiplier）形式 LMERR、LMLAG 和稳健（Robust）的 RLMERR、R-LMLAG 等来判断空间相关性。为了深入地探究内在机制，本研究也将同时给出空间滞后模型（SLM)、空间误差模型（SEM）和普通最小二乘法（OLS）的估计结果，从而进行直观比较。

③政策比较、优化与选择。结合城市幸福感空间分布现状和影响因素的定量分析结果，运用相关理论进行规范的定性分析，探讨城市幸福感的提升途径。参考城市幸福水平较高城市的公共政策实施方案，就水平较低城市如何建设“幸福城市”提出合理的建议。

（5）建立“幸福—效用”理论模型对城市幸福空间分布格局进行解释

本书前部分研究了我国各城市幸福水平的空间分布不均衡特征。那么，为何会有些居民愿意生活在幸福程度较低的城市？本部分建立理论模型进行解释，并基于理论进行实证研究以提供经验证据。城市幸福数据的离散分布与理论冲突不符合经济学中的“空间均衡理论”：根据 Rosen（1976）等的观点，若工资和价格能自由调节，均衡状态下的居民不能通过在区域间流动获得效用的提升。也就是说，各城市给居民提供的福利水平应该相等。若一个国家包含 N 个行政区域，每个区域代表性居民的效用水平用 $U_n(\cdot)$ 表示。若 a 地提供给居民的效用水平高于 b 地，那么 $U_a(\cdot) > U_b(\cdot)$。在信息完全且流动成本极低的假设下，b 地的很多居民会迁移到 a 地。只有当 a 地过于拥堵或生活成本太高以至于吸引力降低，迁移行为才会停止，此时 $U_a(\cdot) = U_b(\cdot)$。那么，均衡时各区域的效用水平相等，即 $U_1(\cdot) = U_2(\cdot) = \cdots = U_{N-1}(\cdot) = U_N(\cdot)$。

关于居民是否追求幸福感最大化的争论由来已久，Bentham（1789）认为快乐或痛苦主宰人的行为，他用效用表示幸福，正的效用意味着获得了更多的快乐。边沁的观点影响了一些 19 世纪的学者，比如密尔，提出“幸福，且唯有幸福才是作为一种目的为人所欲望的”。边沁和密尔等人的观点可以追溯到古希腊时期，苏格拉底的学生阿里斯提波创立的居勒尼学派认为，快乐是人生的核心目标。他们之后的伊壁鸠鲁、奥古斯丁和阿奎那也认同这一观点。然而，对幸福或快乐的计量不太容易，边沁提出的将快乐或痛苦的强度乘以持续时间作为幸福的值难以操作。马歇尔之后的新古典经济学建立了效用分析体系，认为观察个体的选择可以推测其效用，实际上表明效用中不再包含快乐的含义。幸福水平逐渐被效用水平取代，幸福问题从研究中“淡出”(蒲德祥和傅红春，2013)。

20 世纪后，一些经济学家提出“主观幸福感”（subjective well-being）概念，即个人对自身幸福状况的总体评价。Easterlin（1974）等发现的“幸福—收入悖论”引起了广泛关注，幸福重回经济学的视野。①主观幸福感具有可测性，问卷调查中受访者对“总的来说，您认为您的生活是否幸福”等问题，在“很不幸福”、

① 主观幸福感相关研究中，一般认为主观幸福感与幸福（happiness）、快乐（happy）、生活满意度（life satisfaction）或者生活质量（quality of life）为同一概念。

“比较不幸福”、“比较幸福” 和 “完全幸福” 等选项中所作的选择就反映了其幸福水平。Pavot et al. （1991） 和 Sandvik et al. (1993) 证明了自评为幸福的人在平时生活中笑得更多，也被家人和朋友认为很幸福。从神经科学上对人正面或负面状态的判断也与其报告的主观幸福水平高度相关（Ferreira and Moro，2010）。一些追踪研究甚至发现主观幸福感能够预测未来，对自身幸福打分较高的受访者日后患病的几率更低（Blanchflower and Oswald，2007）。主观幸福数据因而被认为具有内在一致性、可信性、有效性和稳定性，相关研究也迅速地发展起来。

幸福经济学者发现收入、婚姻与健康等与主观幸福感显著相关，而这些因素也是效用函数中的重要变量（DiTella and MacCulloch，2006）。居民对自身主观幸福感的评价实际上是对各选项进行排序后所作出的选择，与推测其效用的机理类似，获得了偏好事物的人报告的幸福程度也更高（Easterlin，1995）。将这些观点作为证据，Alesina et al. （2004） 和 Clark et al. （2008） 提出主观幸福可视为效用，居民对自身幸福状况的打分就是其效用水平的近似值。这种做法突破了很多因效用不可直接度量而无法解决的问题，被广泛地用于公共政策评价等研究中，比如 Welsch (2005)、Levinson （2012） 以及杨继东和章逸然 （2014） 等以此为潜在假设条件，创造了对环境等公共物品进行定价估计的生活满意度法（Life Satisfaction Approach）。根据上述观点，将幸福感等同于效用，以 $H(\cdot)$ 表示幸福函数，那么 $U(\cdot)=H(\cdot)$ 。结合空间均衡理论，一国各地幸福水平相等，即 $H_1(\cdot)=H_2(\cdot)=\cdots=H_{N-1}(\cdot)=H_N(\cdot)$ 。然而各大机构对幸福城市进行排名，并公布“十大幸福城市”，表明各地的幸福水平并不相等。而且本书前部分的研究也发现我国城市幸福水平存在空间差异，不符合推论结果。这可能是因为幸福感并不等同于“效用”，均衡的效用水平并不意味着均衡的幸福水平。

从古希腊时期就有学者认为幸福感不等同于效用，人追求幸福最大化或者痛苦最小化的观点受到斯托葛学派的质疑，哲学家爱比克泰德认为，除幸福外，自由、高尚和自尊都是重要的人生目标。

康德则把人对幸福的追求严格限制在道德的范围内，认为幸福须与道德相称，与德性联结。此后，Fisher（1892）指出经济学家不必坚信快乐或痛苦决定行为的理论。尽管主观幸福感与效用都能作为衡量目标实现状况的尺度，现代经济学家强调的人追求效用最大化并不意味着追求幸福最大化。幸福内含于古典经济学的效用之中，而非等同于效用（贺京同等，2014）。Kimball and Willis（2006）和 Becker and Rayo（2008）提出幸福如同其他商品一样存在于效用函数中。被偏好的不一定能提升幸福水平，比如有些居民为了获得更多机会而选择竞争性很强的环境，而激烈竞争带来的压力降低了幸福感。

若主观幸福感与效用函数并不相等，那么，$U(\cdot) \neq H(\cdot)$，因而根据空间均衡理论不能得到一国各地的幸福水平相等的推论。因而，本研究前部分所发现的城市幸福空间差异与空间均衡理论是相容的。

结合空间均衡理论中所认为的各地效用水平相等和幸福不等同效用的观点，就能对城市幸福水平的空间差异进行解释。幸福不等同于效用，那么追求效用最大化并不意味着追求幸福感最大化。幸福与效用的关联在于，幸福感如其他商品一样存在于效用函数中（Becker and Rayo，2008）。幸福并非唯一的生活目标，流动者选择所生活的城市时还会考虑所能获得的货币化收益以及未来的发展空间等因素（樊士德和沈坤荣，2014）。那么，有些居民选择在幸福水平较低的城市生活并不意味着人不追求幸福，只是会为了其他目标而牺牲幸福。空间均衡理论认为，各地的效用水平相等，目前研究中所发现的城市幸福差异，可能是因为幸福水平较低地区的居民得到相应的效用补偿。a 地和 b 地提供给居民的效用水平相等，即 $U_a(\cdot) = U_b(\cdot)$。若 a 地的幸福水平低于 b 地，即 $H_a(\cdot) < H_b(\cdot)$，a 地居民必然获得了其他好处以补偿幸福的损失，比如 a 地的工资水平高于 b 地，即 $W_a(\cdot) > W_b(\cdot)$。

本研究将幸福变量引入空间均衡模型中，推导幸福的均衡方程，对上述观点加以验证。参考 Becker（1966）和 Becker and Rayo（2008）的做法，假设效用函数则为 $U(Z)$，向量 Z 决定效用函数，每个元素 Z_i 都是关于金钱花费 s_i 和时间耗费 t_i 的函数。遵从 Bentham（1789）和 Kahneman and Krueger（2006）的做法，视主观幸福感为一种体验效用，那么本模型假设幸福函数则为 $H(\cdot)$。影响效用的因素也影响幸福感，因而将幸福感函数定义为 $H(Z)$。幸福感不等同于效用，只是影响效用的一个方面，完整的效用函数则为 $U(H(Z),Z)$。居民既关注自身的幸福水平，也希望实现其他的人生目标。为了便于分析，本模型假设除了幸福以外，只有一个人生目标，为实现这个目标所付出的时间为 t_a，金钱为 s_a。个人的收入包括工资 w 与投入工作的时间 t_w 的乘积 wt_w 和非劳动收入 y_0。除去用于实现目标和工作的时间，剩余的为休闲时间，可进行娱乐和睡觉等休闲活动。这将产生 $h(s_h)t_h$ 个单位的幸福感，t_h 为用于休闲的时间，s_h 为在休闲活动上的花费。综上分析，个人的效用函数为：

$$U(h_w t_w + h_a t_a + h(s_h)t_h,\ Z(s_a,\ t_a)) \tag{8.5}$$

将总时间标准化为，那么个人所面临的时间预算约束为 $t_w + t_a + t_h = 1$。个人所面临的金钱预算约束为 $wt_w + y_0 = s_h + s_a$。这两种预算约束可以合并为一个预算约束 $w + y_0 = w(t_a + t_h) + s_a + s_h$。以效用最大化为目标，利用约束条件可以推导出幸福感的均衡方程，从而解释为什么有些居民选择生活在幸福水平较低的地区而导致当前城市幸福空间分布的不均衡性。基于幸福的均衡方程，本研究还建立实证模型进行回归分析，为理论观点提供经验证据支撑。

8.2.3 研究方法

（1）利用实证研究方法测度城市幸福水平及空间差异

①利用中国综合社会调查（CGSS）2006 年和 2010 年的数据，对各城市居民的幸福状况进行描述性统计。

②建立测度城市幸福的固定效应和混合效用模型进行实证分析，不仅分别利用 2006 年和 2010 年数据回归，而且还结合两年的数据为混合截面数据进行回归分析。

③混合效应模型估计的关键在于随机变量的方差矩阵，当前的主要做法是应用极大似然法进行迭代计算。根据 Laird and Ware

（1982）提出的简便化方法，把多层模型（8.3）分解为j个独立的组，即以一个城市为一个组，有助于迅速地识别城市层面的随机效应。

④利用F统计量和似然比统计量作为检验城市幸福空间差异统计意义的工具；统计量$sd(\hat{u}_j)$则可作为度量城市幸福差距的工具；利用u_j和ν_{jt}检验空间差异是长期效应还是短期效应。

（2）城市幸福感影响因素模型的研究和建立

①文献研究法，追溯类似研究的文献，参考他人模型的解释变量，设定本模型的变量。

②进行城市幸福感水平的全局空间自相关检验（Moran'sI）。根据Moran散点图的含义，把所考察的区域分为四个部分，即H-H、L-H、L-L、H-L，分别位于散点图的第Ⅰ、Ⅱ、Ⅲ、Ⅳ象限中，分别表示自身值较高邻居区域值也较高、自身值较低邻居区域值却较高、自身值较低邻居区域值也较低、自身值较高邻居区域值却较低。通过观察城市散点在各象限的分布特性，可以分析城市幸福感的集聚形态。

③选择最优的空间计量模型进行回归。Anselin and Florax（1995）提出了如下判别准则：当LMLAG和LMERR诊断结果都不显著时，保留原有的OLS分析结果；如果在空间相关性的检验中发现，LMLAG较之LMERR在统计上更加显著，且R-LMLAG显著而R-LMERR不显著，则可以断定适合的模型是空间滞后模型；相反，如果LMERR比LMLAG在统计上更加显著，且R-LMERR显著而R-LMLAG不显著，则可以断定空间误差模型是恰当的模型。按照这个步骤，我们来判断哪种模型的拟合结果更加合意。

（3）“幸福—效用”理论模型的初步实现（有待后期进一步细化）

在空间均衡理论框架下，我国为何会存在城市幸福的空间差异，居民为什么愿意生活在幸福程度较低的城市。本研究在Becker and Rayo（2008）等人研究的基础上建立“幸福—效用”的一般性模型进行解释。如同前文所述的，假设个人的效用函数为$U(Z)$，而幸福感函数定义为$H(Z)$。幸福感不等同于效用，只是影响效用的一个方面，完整的效用函数为 $U(H(Z),\ Z)$ 。个人的效用函数为：$U(h_w t_w + h_a t_a + h(s_h)t_h,\ Z(s_a,\ t_a))$ ，所面临的预算约束为 $w + y_0 = w(t_a + t_h) + s_a + s_h$ 。

沿用经典的经济学模型，本研究假设个体总是偏好高收入而非低收入，高收入有利于提升效用。然而，我们并不清楚工资与幸福感的关系。如果 $Z(\cdot)$ 只与收入相关，那么只要非补偿性工资弹性是正的，幸福感与工资负相关。假设 $h(s_h) = h_0$，与收入无关，那么幸福感关于工资的导数等于 $(h_0 - h_w)$ 乘以 t_h 对工资的导数，即：

$$\frac{\partial t_h}{\partial w} = \frac{-wZ'(s_a)U_Z + (1-t_h)Z'(s_a)\left((h_0 - h_w)U_{HZ} - wZ'(s_a)U_{ZZ}\right)}{-\left(U_{HH}(h_0 - h_w)^2 - 2(h_0 - h_w)wZ'(s_a)U_{HZ} + (wZ'(s_a))^2 U_{ZZ}\right)} \tag{8.6}$$

从空间的视角考虑,收入对幸福感的影响更有可能为负。假设各地的整体环境不变,并且效用水平不随工资水平的改变而改变,也就意味着 $\frac{\partial y_0}{\partial w} = -(1 - It_0)$,住房成本的变化抵消了收入的变化。那么, $\frac{\partial t_h}{\partial w} = \frac{-wZ'(s_a)U_Z}{-(U_{HH}(h_0 - h_w)^2 - 2(h_0 - h_w)wZ'(s_a)U_{HZ} + (wZ'(s_a))^2 U_{ZZ})} < 0$,工资高的城市的幸福水平更低。

结合空间均衡理论进行分析，首先假设 $h_w = h_a = 0$。本模型还假设效用函数为柯布-道格拉斯形式，幸福感的权重为 α ，并且 $Z(s_a,\ t_a) = z_0(s_a)^z(t_a)^{1-z}$ ，z_0 是由城市整体环境所决定的参数。为了便于分析，把用于工作的时间固定为 $\hat{t}_w$ ，时间也可以在休闲或是实现目标间分配。并且，$h(w\hat{t}_w + y_0) = h_0(w\hat{t}_w + y_0)^\gamma$ ，h_0 是由城市整体环境所决定的参数。在上述假设下，间接效用函数与 $(h_0)^\alpha(z_0)^{1-\alpha}(w\hat{t}_w + y_0)^{\alpha\gamma+(1-\alpha)z}$ 成正比，而幸福感与 $h_0(w\hat{t}_w + y_0)^\gamma$ 成正比。

柯布-道格拉斯形式的效用函数可以推导出 $\frac{d\log(Happiness)}{d\log(Income)} = -\frac{1-\alpha}{\alpha}$ 。它并不等同于幸福感对工资的偏导，若非劳动所得极小，可算出此偏导等于 γ 。

在工作时间为固定时长的假设下，空间均衡条件为：

$$w\hat{t}_w + y_0 = k_0 h_0^{-\frac{\alpha}{\alpha\gamma+(1-\alpha)Z}} Z_0^{-\frac{1-\alpha}{\partial\ \gamma+(1-\alpha)Z}} \tag{8.7}$$

h_0 和 t_0 的值取决于自然环境，也取决于公共服务质量和社会环境。气候极冷或极热、用于公共服务的支出不够等都可能导致城市的幸福水平降低。

城市空间均衡必须满足三个条件：第一个是各地消费者的效用（并非幸福感）相等；第二个是各城市的公司所得利润相等；第三个是住房供需成本相等。假设住房供给曲线是线性的，定义住房流转成本为 r ，根据柯布-道格拉斯形式的效用函数，可假设 $r = c_0 + c_1\log(N_t) + c_2\log(N_t/N_{t-1})$ 且 $y_0 = -r$ ，N_t 表示该地的人口数，c_0、c_1 和 c_2 在各城市的值可能不同。若劳动需求函数为线性形式，而且生产函数为柯布-道格拉斯函数，那么 $w\hat{t}_w = A - B\log(N_t)$ ，A 和 B 在不同城市可能有不同的值。

利用住房供给曲线和劳动供给曲线，对空间均衡等式取自然对数可推导出以下等式：

$$\log(Happiness) = \log\left(k_0^{\gamma}(1 - \hat{t}_w)\right) + \frac{(1-\alpha)z}{\alpha\gamma + (1-\alpha)z}\log(h_0) - \frac{(1-\alpha)\gamma}{\alpha\gamma + (1-\alpha)z}\log(z_0) \tag{8.8}$$

本研究得到了关于幸福感的均衡方程，即式（8.8）。幸福与两个由城市整体环境决定的参数 h_0 和 z_0 相关，优质的环境有利于提升幸福水平。在空间均衡条件下，实际收入差距与幸福感成正比，那么幸福感应该与实际收入成反比。幸福对实际收入的偏导为 $\frac{(1-\alpha)z}{\alpha}$ ，即幸福对收入的偏导 $\frac{(1-\alpha)}{\alpha}$ 与 z 的乘积，z 为效用函数中与幸福无关的元素对收入的弹性。

利用空间均衡中的无差异条件，还可以得出幸福感与 $(z_0)^{\frac{\alpha-1}{\alpha}}$ $(w\hat{t}_w + y_0)^{\frac{\alpha-1}{\alpha}z}$ 成比例。若 z_0 为常数，较富裕地方的幸福程度更低。若收入是常数，更幸福的地方在某些被偏好的环境上表现不佳。本研究前部分发现我国各城市的幸福水平存在空间差异，生活在幸福程度较低城市的居民应该在其他方面得到了补偿，比如获得了较高的名义收入，也可能是承担的住房成本偏低从而导致所获得的实际收入更高。

8.2.4 主要创新之处

在已有关于社会群体幸福感及城市幸福研究中，主要采用了均值法等进行测度，存在一定的合理性，但大部分都忽视了一个重要的问题，那就是不同城市的居民具有异质性。基于均值法所发现的城市幸福差异可能仅反映了居民的个体特征差异，而非真正的城市幸福差异。对城市幸福的测度不仅应该考虑异质性，还进一步考虑了样本偏误，为分析城市幸福的空间分布奠定了良好的基础。

我国的城市幸福水平存在空间差异，流动劳动力并没有迁往幸福水平较高的城市，有些居民甚至愿意长期生活在幸福水平较低的城市。人为何不追求幸福最大化，通过迁往幸福水平更高的城市提升自身的幸福感？事实上，居民追求的是效用最大化而非幸福最大化，幸福只是人生目标之一，作为一个变量存在于效用函数之中。必须设定合理的效用函数形式和约束条件，最终推导出有解释力度的幸福均衡方程。

相较于个体主观幸福感，城市幸福指标具有重要的突破性。居民的主观幸福感一般通过问卷调查中受访者对自身生活状态的评价来测量，然而每个人对“幸福”或“不幸福”状态设置的临界值不同，相似的人生状况，有些人认为是幸福的，其他人却认为并不幸福。不可观测的个性差异，导致个体幸福研究存在内生性问题。Plaut et al.（2002）和 Rentfrow et al.（2008）认为个性具有明显的地域共性，城市幸福指标能够缓解系统性差异，增强研究的有效性。

目前劳动力流动相关研究侧重于分析其导致的经济增长效应及对地区差距的影响。关注劳动力迁移对所流入城市幸福感的影响，以及迁移行为对自身幸福的影响。若劳动力的流动不仅提升目标城市的幸福感，也提升自身幸福感，那么这种流动行为就既符合个体理性也符合集体理性。在我国城市体系重构中，可选择重点发展这样的城市。

当前我国城市幸福存在空间差异，已有文献研究了 GDP 等城市宏观特征对幸福的影响，却无法解释流动劳动力并没有流向幸福水平最高的城市这一现象，有些居民选择长期生活在幸福水平较低的城市。本研究把幸福变量引入空间均衡模型中，推导幸福的均衡方程，解释居民为何不流向幸福程度更高的城市以获得自身幸福水平的提升。

8.3 城市社会保障水平、收入差距与国民幸福①

在当前中国处于经济社会转型时期的大背景下，我国的收入差距超过了国际警戒线，并有不断扩大的趋势，而城市社会保障经过不断地发展和完善，具有一定的广泛性，在此情况下，社会保障作为“社会稳定器”，能否防范收入差距对居民幸福的影响，研究上还存在不确定性。

国内外学者对于幸福的影响因素作出了很多的探讨。在宏观层面探讨了包括经济增长、环境、政府质量、收入差距、公共支出等方面的因素；在微观层面探讨了教育、收入、性别、健康、年龄、就业等方面的因素。而关于社会保障、收入差距对于居民幸福的影响，国外学者的研究对其影响的显著程度存在一定的争议；国内相关研究的成果比较少。本研究以相关学者的研究成果为基础，依据我国经济发展的最新情况进行研究，对我国社会保障、收入差距对居民幸福感的影响及其机制理论，具有一定的理论参考价值。

我国现行的社会保障包括社会保险、社会救济、社会福利、优抚安置、社会互助等内容，其涉及政府的财政支出、健康、就业、精神慰藉等角度，因而是一个较为综合的系统。已有的研究大多偏重于财政支出的角度，对于医疗、养老、失业保险等内容也是分散于财政支出之中，缺乏系统性，具有一定的局限性。本研究尽可能

① 中南财经政法大学经济学院研究生敖金顺对本节有贡献。

系统地涵盖社会保障中的内容，全面综合地分析社会保障影响居民幸福的作用机制，这对于完善社会保障与居民幸福的理论具有借鉴意义。

效率与公平的统一是保证我国社会主义市场经济健康发展的必然要求，但效率与公平的矛盾仍然阻碍着我国经济社会的持续稳定发展。本研究通过分析我国经济发展中社会保障和收入差距的问题及其对社会福利的影响，并提供相关政策建议。这对缓解社会矛盾，深化我国经济社会体制改革，让改革成果由全体人民共享，促进我国经济社会良性发展具有现实的借鉴意义。

城市社会保障是我国社会保障环节中不可或缺的一部分，建立健全同经济社会发展水平相适应的城市社会保障体系是社会稳定和国家长治久安的重要保证。本研究通过分析城市社会保障体系在提高居民幸福当中所存在的不足之处以及滞后于经济社会发展的地方，对完善我国城市社会保障、推进我国社会保障事业的发展具有一定的启发意义。

8.3.1 概念界定与现有研究综述

关于社会保障对居民幸福感的影响，国外有部分学者认为，社会保障能够促进居民幸福感。Di Tella（2006）对欧盟11个国家的政府失业救助与国民幸福之间的关系进行分析发现，政府失业救助有利于系统地提高社会幸福水平。Sergei. Guriev，EKaterina 和 Zhuravskaya（2009）发现在转型国家中，由于收入不平等、收入波动性与不确定性上升、期望水平变化以及公共产品供给数量、质量的下降，使得社会经济转型过程显著降低了居民的幸福感。在计划经济体制下，医疗卫生保障、教育等公共产品几乎免费供应，但是在社会转型过程中，政府控制的资源大量缩减，使得公共品的供给状况恶化，减少使用者其他可消费的收入，说明了社会保障对居民主观幸福感的重要性。Laamanen & Kotakorpi（2010）认为公共提供的医疗服务对居民的主观幸福产生积极的影响，由于不同的收入群体偏好不同，政府的医疗支出给他们带来的影响有一定的差异。Diener（2009）认为政府在清楚了解地方居民偏好的情况下，增加公共支出以提供教育、医疗、社会保障等方面的公共产品和服务，能够降低居民谨慎性储蓄的动机，从而增加居民主动消费的倾向，使其计划的未来消费转变为当期的现实消费，这样可以提高居民的幸福感。Ram（2009）通过对包括转型经济体、经合组织国家、非洲以及拉丁美洲国家在内的145个国家的样本数据进行分析研究后，发现包括社会保障在内的公共支出与国民幸福呈正相关关系。华裔学者黄有光（Yew-Kwang，Ng，2003、2008）认为政府提供公共产品和社会保障服务等支出有利于提升居民幸福感，由于政府支出是对社会资源的重新配置，有利于将竞争激烈的私人消费转移到人们能够普遍享受到的公共支出，降低了由于攀比效应带来的幸福损失，此外，社会保障等支出为居民提供了一定的保障，提高了居民的消费意愿，从而提高了主观幸福感。

然而，也有学者认为社会保障与居民幸福感并非一直具有正向关系。Veenhoven（2000）发现社会福利支出与居民幸福感之间不存在显著的关系。在有良好社会保障计划的国家，其居民并不比社会保障不很健全但同等富裕国家的人民更幸福和更健康。Piet. Ouweneel（2002）利用世界价值观数据分析发现，在福利国家失业者的幸福水平与在非福利国家失业者的幸福水平趋同。由于失业救济效果有限，社会保障与失业者的幸福感没有显著的正相关关系。Bjornskov（2007）对74个国家进行研究发现，政府支出越高，公众的幸福水平越低，包括社会保障支出在内的政府支出与居民幸福存在负相关关系。在有中间偏左倾向选民的国家，这种负相关关系更加强烈，这是由于支出规模扩大，将相应地增加税收，而税收增加将会影响公众满意度。Lena（2008）发现转轨经济体的公共支出对居民幸福影响存在一定的临界值，在达到临界值之前，包括社会保障在内的政府支出能够促进居民幸福，当超出该临界值之后，政府支出对居民幸福产生负面作用。Zohal Hessami（2010）对1990—2010年欧洲12个国家的调查研究也发现，社会保障支出与居民主观幸福感之间呈倒U形关系，社会保障超出一定值，居民幸福感随之下降。

国内有不少学者肯定了社会保障对于居民幸福的促进作用。亓寿伟、周少甫（2010）的研究结果表明，公费医疗能够显著提高农村老年人的幸福感，城镇职工医疗保险对城镇老年人幸福感具有积极作用，而农村合作医疗对农村老年人幸福感有正向作用。胡洪曙、鲁元平（2012）认为地方政府公共支出与农村居民幸福感呈正相关关系。医疗、教育以及社保支出在提高农民消费的过程中发挥着主要作用。谢舜（2012）发现地方政府基建支出对城镇居民的幸福感有显著负效应，科、教、文、卫以及社会保障支出对国民幸福有显著的正效应。鲁元平、张克中（2013）研究发现由教育、医疗和社会保障构成的亲贫式支出对国民幸福感有显著的促进作用，并有利于促进国民幸福的持续提升。王慧慧（2014）发现健康与家庭条件等因素对居民幸福感的影响程度最大，社会保障和生态环境因素次之。冯诗杰等（2014）估计医疗保险对城镇老年人幸福感的影响后发现，医疗保险对城镇老年人幸福感具有显著的正向作用。王健、郭靓（2015）基于2001—2012年世界价值观数据认为，社会保障支出对国民幸福产生最为积极的作用，行政管理性支出对国民幸福起到了间接的正向作用，建设支出由于效益显现需要较长时间，对当期幸福感为负面影响。王洪川（2015）利用2010—2014年中国民生指数调查数据得出，民生服务对国民幸福感的作用比经济增长还要大；而医疗卫生、生态环境公共服务投入对城乡居民满意度提升有重要影响。刘瑜（2015）对82个城市的实证分析表明：医疗保险和养老保险都对主观幸福感产生了显著的正向影响，社会保障对中西部地区和农村地区居民幸福感的影响相对较大。

一些学者认为社会保障与居民幸福的正相关关系并不显著。赵新宇、高庆昆（2013）对吉林省公众幸福感实证研究发现，政府投入科学技术、教育、农林事务、环境保护等方面的支出对公众幸福感有显著的促进作用，而社会保障和就业支出对居民主观幸福感的影响尚不显著。汤凤林、雷鹏飞（2014）对中国区县一级的公共支出与居民幸福感进行了分析，医疗卫生等社会保障支出与居民幸福感关系总体上不显著，但社会保障支出对提高低收入群体幸福具有显著影响，医疗卫生和社会保障资金的使用效率有待进一步提高。殷金朋（2016）结合中国综合社会调查数据发现，除财政社会保障水平外，其他的各项社会保障水平与居民幸福感之间均存在U形关系，人均医疗财政支出的增加也不利于居民幸福感的提升。

首先，国外学者关于社会保障、收入差距与居民幸福感关系的研究，以跨国家间的研究比较多，由于学者们研究的国家国情具有差异性，因而在研究社会保障与居民幸福感、收入差距与居民幸福感时所得出的结论会有较大的出入。其次，国外学者在研究社会保障对收入差距的调节时，大多持肯定的态度，这是因为国外发达国家社会保障模式对收入的再分配功能比较健全，因而效果较为显著。而在国内由于我国地区间发展不平衡，以及城乡二元经济社会结构，国内学者大多认为社会保障及其影响在地区之间存在着差异，在研究中也会突出城乡居民的差异。具体而言社会保障对农村幸福感的作用比城市大，对落后地区的影响比发达地区大。

但是比较国内外学者的研究，主要遵循公共支出规模和政府治理水平的逻辑主线，关于社会保障与居民幸福感的研究分散在以上议题中，独立、系统地研究社会保障对于居民幸福感的影响比较少。随着现代社会保障在居民生活中的重要性日益加强，社会保障的影响途径和机制已越来越广泛，因而仅仅通过公共支出规模和政府治理水平来研究社会保障具有一定的局限性。而关于收入差距对居民幸福的影响机制，学者们依据不同的视角，所得出的结论也具有较大的争议，还没有达成较为全面系统的认识，仍然具有一定的局限性。本研究正是立足学者们所关心的幸福问题，结合社会所关注的社会保障与居民收入差距问题，来探讨社会保障和收入差距对我国城市居民幸福的作用，以实现对该问题得到较为全面系统的梳理。

8.3.2 研究内容

先是介绍幸福感与相关理论基础。介绍经济学中幸福的内涵、外延和与效用概念之间的关系，利用相关的调查数据和资料来说明我国居民幸福感所经历的发展变化过程与幸福困境问题，并且阐述包括宏观和微观层面的影响因素。介绍相关的经济学研究理论，包括马克思主义经济学中的相关理论，西方福利经济学中的收入分配与福利理论，公共产品理论，国家干预理论、马斯洛需要层次理论。论述我国城市社会保障、收入差距与居民幸福的作用机制。

本研究进行城市社会保障、收入差距与居民幸福感的实证分析。采用多元回归数据分析模型来进行分析，该模型是在控制了教育、性别、就业、婚姻等相关变量后，才得出相关的估计结果。通过实证模型分析，主要分析社会保障与城市居民幸福感、收入差距与城市居民幸福感，然后再比较社会保障、收入差距对城市居民幸福感的影响。

研究模型如下：

$$H = \alpha_0 + \alpha_1 \mathrm{ssecu} + \alpha_2 gap + \alpha_3 edu + \alpha_4 gender + \alpha_5 employ + \alpha_6 mar + \alpha_7 ssecu \times gap + \varepsilon$$

—— H 代表城市居民幸福感，取值为 1~5（1 表示很不幸福；2 表示不太幸福；3 表示一般幸福；4 表示还算幸福；5 表示很幸福）；

—— *ssecu* 代表社会保障水平，用社会保障支出占 GDP 之比来衡量；

—— *gap* 代表收入差距，用城市内部基尼系数来衡量；

—— *edu* 代表教育程度（初中水平及以下为 0；高中水平为 1；大学本专科为 2；研究生及以上为 3）；

—— *gender* 代表性别（男性取值为 0；女性取值为 1）；

—— *employ* 代表就业状况（失业取值为 0，已就业取值为 1）；

—— *mar* 代表婚姻情况（未婚取值为 0，已婚取值为 1）；

—— *edu*、*gender*、*employ*、*mar* 为控制变量。

8.3.3 主要创新之处

在各级政府日益关注民生问题和居民幸福的大背景下，本研究以马克思经济学中的经济理论、福利经济学的社会福利理论、公共产品理论、国家干预理论为理论支撑，立足城市居民幸福感概念、现状与影响因素，从社会保障和收入差距出发，分析了社会保障对城市居民幸福的作用机制，收入差距对城市居民幸福的作用机制，并分析社会保障通过收入差距对幸福感的中介传导作用，在此基础上通过实证模型作出定性与定量分析，最后提出提高城市居民幸福感的研究结论。

关于城市社会保障、收入差距与居民幸福感的研究，已有的大部分文献是独立考察的，本研究将二者结合起来。而且已有的文献大部分是基于公共支出和政府治理来论述社会保障对居民幸福的影响，尚未立足社会保障本身去分析，而本研究将系统分析城市社会保障对国民幸福的影响及影响机制。

8.4　幸福的测度：基于叙述性偏好

显示性偏好法是新古典福利经济学的基石：充分提示消费者所做选择的后果，其选择是判断福利状况的唯一标准。在公共政策行为中，个人通常不能选择政策，也不能准确估计选择其他政策的后果。政府就很难判断居民的福利状况，显示性偏好方法提供了一种政策评估的途径。经济增长是政府和居民均追求的目标，且 GDP 数据的可获得性强。评估一项政策对 GDP 的影响程度成为利用显示性偏好方法评估政策的主要途径。随着社会经济的发展，GDP 指标的局限性越来越明显，经济学家找到了“主观幸福感”指标，认为它弥补了 GDP 的缺陷，具有极大的突破性（Fleurbaey，2009）。主观幸福感即个人对自身福利状况的主观评价，反映了一种综合的经验，包含对非市场因素的体验。为了获知居民的主观幸福感状况，经济学家、社会学家和心理学家发展出了多种调研方法。许多国家都在进行全国范围内的主观幸福感调查，并利用主观幸福感数据进行公共政策评估。必须基于传统的调研主观幸福感的方法，发展出一种结合了各种主观幸福感调查方法的综合个人指标。

世界性范围的居民主观幸福感调查项目主要是世界价值观调查（World Value Survey），对多个国家的居民幸福进行调研。英国前首相卡梅隆曾说，“我们不仅应该关注 GDP，也应该关注居民的幸福”。英国国家统计局（ONS）通过问卷调查的方式追踪全国居民的主观幸福感状况。美国国家科学院的国家统计委员会召开专门的会议讨论“在政策研究框架下衡量主观幸福感”。美国综合社会调查、全国家庭调查和行为风险因素监测系统等多个项目都重点关注了居民的主观幸福感状况。中国综合社会调查（CGSS）通过询问“总的来说，您认为您的生活是否幸福”的方式，在 2008 年、2011 年和 2013 年等年份调查了居民的主观幸福感状况。然而，通过调查的方式了解居民的主观幸福感也遭到了一些质疑。第一，主观幸福感是一个多维的概念，通过询问一个问题是否能够准确衡量一个人的幸福（Kahneman and Krueger，2006）？第二，普遍采用的衡量主观幸福感的问题并不能考虑所有影响偏好的因素（Benjamin et al.，2013）。第三，当前对主观幸福感调查的问题形式非常多，而每个人对幸福感问题都有自己的解读。当前学术界迫切需要建构一项关于主观幸福感的总结性指标。

自 20 世纪 70 年代，学者利用许多标准的工具，比如满意度评价方法和意愿评价方法等评估公共政策的成本和收益。这些方法有一些天然的局限性：前者假定个体的完全理性和市场的完全有效，后者要求个体对政策环境的变化十分了解等。随着主观幸福感数据越来越丰富，学者开创了一个全新的公共政策评估方法——主观幸福感方法（happiness-based methodology）。它能避免传统方法的缺陷，在环境公共政策等领域得到广泛应用。该方法将居民报告的主观幸福感视为效用，在保持效用（主观幸福感）不变时所提供的公共物品的价格和数量都是最优的（Levinson，2013）。然而，这种方法的基石并不牢固：调查所得到的主观幸福感数据能够等同于效用吗？效用作为一个假设概念，它是决策性的，无法被观测。主观幸福感是一种情感状态，Benjamin et al.（2014）认为可以将它视为“体验效用”（experienced utility）。我们必须将主观幸福感的内涵丰富化，使之能够作为观测不到的决策效用的代理变量。这将夯实主观幸福感方法的基础，增强这种方法的有效性。它还能作为一种突破传统评价工具缺陷的方法，在公共政策评估领域发挥重要的作用。

8.4.1 概念界定与现有研究综述

（1）主观幸福感的影响因素

20世纪50年代，学界提出“主观幸福感”概念，即个人对自身幸福状况的主观评价。作为反映福利和效用的指标，它的有效性和突破性得到了广泛的认可。经济学、社会学和心理学等多个学科掀起了研究“人如何才能幸福”的热潮。

收入一直是影响居民幸福感的重要因素，而经济学研究收入与居民幸福感之间的关系，可以分为绝对收入对居民幸福感的关系与相对收入对居民幸福感的关系。在绝对收入研究方面，Easterlin（2001）、Blanchflower & Oswald（2000）对发达国家进行研究发现，居民绝对收入的提高能够显著促进居民幸福感的增加；而Lelkes（2006）发现发展中国家的居民绝对收入的提高也与居民幸福感呈正相关关系。然而与绝对收入的作用相比，学者们目前越来越注重相对收入和收入差距的作用。Luttmer（2005）、Dorn et al.（2007）发现主观幸福感与绝对收入只有非常微弱的正相关关系，相对收入对幸福感的影响程度要大于绝对收入。Ferrer-i-Carbinell（2005）、Weisbach（2008）、Layard（2005）认为，人们会将自己的收入与他人比较，相对收入越高，主观幸福感越强。在国内，学者也基本肯定了相对收入及收入差距对居民幸福感的负面作用。汤凤林、雷鹏飞（2014）运用CGSS 2008的数据分析发现，收入差距显著降低了居民幸福感，通过缩小收入差距可以提高居民幸福感。王鹏（2011）运用CGSS 2006调查数据，发现收入差距对居民主观幸福感的影响呈倒U形，倒U形的临界点在基尼系数为0.4左右，中国大部分区县的基尼系数大于这一临界值；收入差距与主观幸福感的倒U形关系是稳健的；随着收入差距的扩大，居住在城市、非农业户籍及受教育程度越高的居民的主观幸福感越低。

教育与居民幸福感之间的关系也引起了一些学者的关注。有国外学者（例如Clark & Oswald（1994），Layard（2006））认为教育程度越高的人由于对自我期望过高，一旦遭遇失业、经济危机，幸福感下降更大，教育程度会对居民幸福感产生负面影响。但是

Diener et al.（1999），Frey & Stutzer（2002）则认为教育水平能显著地影响居民幸福感。黄嘉文（2013）将教育程度对个人幸福感的影响区分为直接效应和间接效应（教育回报效应）。研究发现教育程度与城市居民幸福感呈现显著的正向关系，拥有中专、高中和大学以上学历的个体是最幸福的；教育回报对城市居民幸福感均有显著的正向影响，但教育回报在高等教育扩招前对居民幸福感有显著的正向作用，而在扩招后则不显著。

学者还从住房对居民幸福感的影响这一方面进行了论述。Rohe & Stegman（1994）、Shlay（2006）、Diaz. Serrano（2009）、Guven & Sorensen（2011）对美国和欧洲的住房进行分析，发现有房者由于信心、自尊以及安全感更高而且还有可能享有住房升值溢价收益，因而幸福感更高。Elsinga & Hoekstra（2005）则认为拥有住房会让有房者拥有沉重的金融负担、贬值压力以及影响工作、生活流动性和灵活性，最终会让有房者幸福感降低。林江、周少君、魏万青（2012）运用 CGSS 2006 研究发现城市房价上涨程度对居民幸福感具有显著的负面影响，房价上涨越快，有房者和租房者主观幸福感越低；住房产权状况和幸福感显著相关，租房者幸福感最低，仅有一套房产者幸福感其次，多房者幸福感最高；住房质量显著影响居民主观幸福感。

就业是民生之本，个体是否能够实现就业以及就业的质量，不仅关系到居民的生计，而且对居民的幸福感产生重要影响。国内外学者几乎认为失业会对包括失业者和有工作者在内的居民幸福感产生负面作用。Frey & Stutzer（2002）认为有工作者对失业者的命运感觉到不快以及要担心税负，因而主观幸福感会降低。Paul（2001）发现失业者担心在劳动力市场贬值，害怕被排斥，因而感觉不幸福。而对于降低的程度，Lelkes（2006）分析了欧洲的数据，发现失业会令居民获得高主观幸福感的概率下降 15%。Eshan（2010）对加拿大的数据分析发现，失业对幸福感的影响 6.74 倍于收入对幸福感的影响。王海成、郭敏（2015）用 2006 年中国综合社会调查的数据分析非正规就业对主观幸福感的影响，发现非正规就业显著降低了劳动者的主观幸福感；就业保护水平越低，劳动者从事非正规就业的可能性越大，主观幸福感越低；非正规就业市场上严重的性别歧视使得女性幸福感的损失更大。王海成（2013）认为，失业通过经济损失和心理压力降低了主观幸福感；个体失业对不同群体主观幸福感的影响存在差异；他人失业对幸福感影响存在“溢出效应”；失业经历则对幸福感影响存在“疤痕效应”；而再就业会显著提高失业者的主观幸福感。

有学者立足人类社会中比较常见的社会关系，分析了社会资本和社会网络对居民幸福感的影响作用。Putnam（2000）发现与社会资本相比，收入对居民幸福感的影响不及社会资本。Bjornskov（2006）分析得出，良好的社会资本能够促进居民幸福感，二者间具有显著正相关关系。A. Rodriguez-Pose（2014）研究欧洲 25 个国家后也发现社会资本和居民幸福感之间存在正向稳健的关系。李平、朱国平（2014）研究了两种不同的社会网络对中国居民幸福感的影响，社会资本对居民幸福感具有显著影响；相较于以血缘关系为基础的传统社会资本而言，工作社会网络已经成为中国居民现代社会资本的重要方面；现代社会资本给予城镇移民和独生子女更高的幸福感，而给予本地居民和非独生子女的幸福感较弱。徐延辉、黄云凌（2013）探讨了基层社区服务、社会资本对城市低收入居民幸福感的影响，社区能力对中国城市低收入居民的幸福感具有正向作用，社区社会资本对提升低收入居民幸福感也有重要作用，社区能力对幸福感的作用是通过减少绝对贫困和相对收入差距的影响来实现的。

自理查德·伊斯特林（1974）提出幸福悖论以来，经济增长与幸福之间的关系就受到了学者们的热烈讨论。Lane（1998）、Blanchflower & Oswald（2000）、Diener & Oishi（2000）、McMahon（2006）发现近几十年来西方国家经济增长并没有显著提升居民幸福感。人均国民收入不断增长，而主观幸福感并没有相应增加甚至在有的国家反而下降。但是也有学者发现经济发展程度不同，居民幸福也会出现差异。Veenhoven & Hagerty（2003）、Stevenson & Wolfers（2008）、Deaton（2008）即发现富国居民幸福感要高于穷国居民幸福感。周绍杰、王洪川（2015）利用 2010—2014 年中国民生指数调查数据，发现现阶段我国经济增长对国民幸福提升作用逐步减弱。邢占军（2011）通过研究认为，在现阶段的中国，收入与城市居民幸福感之间具有一定的正相关；地区富裕程度不同会对二者之间的关系产生影响；高收入群体幸福感水平明显高于低收入群体；通过对一段时期进行考察，地区居民幸福指数并没有随国民收入的增长而同步增长。

而除了经济增长，其他宏观经济因素也对幸福产生了影响。Di Tella et al.（2001）、Wolfers（2003）、Teksoz（2005）对欧洲、美国及转型国家的研究发现通货膨胀对这些地区居民幸福感产生显著的不利影响。陈刚（2013）评估了通货膨胀率对中国居民幸福感的影响，运用 CGSS 2006 数据发现中国的通货膨胀会显著降低居民的幸福感，中国通货膨胀所引发的社会福利成本要高于欧美国家，通货膨胀每上升 1%，幸福感将会降低 1.13%。即使将通货膨胀分为预期性和非预期性，其对居民幸福感的影响也没有显著性差异。而马汴京、蔡海静（2014）基于 CGSS 2008 的数据分析了经济全球化对居民幸福感的影响。经济全球化显著提升了中国居民幸福感，它是通过降低通货膨胀率和失业率，增加人民收入，改善人民健康状况以及缩小贫富差距等方式间接作用于居民幸福感的。

政府在居民幸福感中扮演着重要的角色。Ram（2009）对包括发达国家、转型国家和发展中国家在内的 145 个国家进行分析后发现政府支出水平与主观幸福感呈显著正相关关系。Lana et al.（2009）利用世界价值观第 3~5 次调查也发现 13 个转型国家中政府支出明显促进了居民幸福感。Di Tella et al.（2005），Kotakorpi & Laamanen（2007）分别发现政府支出中的失业保障支出、健康支出对居民幸福有促进作用。Guriev & Zhuravskaya（2009）分析发现，提高政府的公共物品数量和质量能有效增进俄罗斯和中东欧转型国家国民的幸福感。周绍杰、王洪川（2015）利用 2010—2014 年中国民生指数调查数据发现，政府提供的民生服务对国民幸福感的作用比经济增长还要大；而随着医疗卫生、生态环境公共服务投入的不断增加，城乡居民满意度随之也不断上升。鲁元平、杨灿明（2013）利用 CGSS 2006 的数据研究发现财政分权对我国居民的主观幸福感产生了显著的负面影响，财政分权对中低收入者和农村居民幸福感的影响显著为负；财政分权对中西部、欠发达地区以及非民族地区居民的幸福感有显著的负面影响。汤凤林、雷鹏飞（2014）运用 CGSS 2008 的数据分析发现中国区（县）一级的公共支出总量能够提高居民幸福感，其中教育支出对居民幸福感的提升作用比较明显。

随着我国城市化的发展，城市规模对居民幸福感的影响也得到了学者的关注。Hayo（2004）分析了东欧 7 国的城市数据后发现，居民的主观幸福感随着城市规模的扩大而递减，大城市居民的幸福感反而比不上少于 5000 人的城镇。Gerdtham & Johannesson（2001）研究了瑞典的国民幸福，发现生活在瑞典三大城市的居民比生活在县城和规模为 3 万以下居民的城镇要低。Hudson（2006）发现欧洲 15 国大城市的居民幸福感相比小城市而言反而降低了。而在国内，孙三百等（2014）运用中国微观调查数据，得出城市规模与幸福感呈 U 形关系的结论。当城市人口规模为 300 万人时，幸福感最低；流入大城市的外省移民在空间选择上存在明显的客观个人非理性、集体非理性的现象，为了实现幸福感以外的短期目标而前往这些大城市，可能会损失个人幸福感。

（2）主观幸福感调查数据

许多经济学者为主观幸福感数据在管理学和经济学中的应用作了充分的论证。第一，对居民主观幸福感的调查是居民对他们整个人生的总体评价，换句话说，主观幸福感不只是反映居民近期心理状态的效用函数（Alesina et al.，2004）。第二，主观幸福感打分不仅反映被调查者内在稳定的心理状态，还反映了他当前的情绪。调查中的信噪比要足够高，这是保证主观幸福感方法具有有效性和可信性的关键（Blanchflower and Oswald，2004）。第三，被调查者对幸福感的评价是适用于此生的，因而各项调查中的不同措辞会影响调查结果（Fleurbaey and Blanchet，2013）。第四，主观幸福感评分的可比性。被调查者把他们心中的幸福感觉与提问语境中的“很不幸福”“不幸福”“一般”“比较幸福”和“非常幸福”对应起来（Kahneman and Deaton，2010）。有些被调查者对生活际遇变化的主观幸福感的反应强于其他被调查者。这将妨碍个人意义上自评幸福感的比较，却不影响不同境况下各组居民的可比性。只关注各组的幸福感最小化了要求人与人之间可比性的问题：我们没有理由认为一大组的被调查者都会在打分时存在系统性误差，进而影响估计的结果（Frey et al.，2009）。第五，主观幸福感数据的基数性和序数性都不影响实证估计结果。Ng（1997）认为主观幸福感数据是基数性的，而 Finkelstein et al.（2012）认为幸福数据是序数性的。Ferrer-i-Carbonell and Frijters（2004）的研究表明，利用 OLS 或者有序 probit 模型都能得到模型的有效估计。

（3）幸福与效用

遵循新古典经济学消费者理性假设，研究者就必须从“幸福的范畴与性质”探讨幸福与效用问题。在经济学范畴下，对幸福概念的解读可追溯至边沁的效用论，他认为“效用”一词涵盖着有关幸福和痛苦的体验。然而，对效用进行计量并不容易，边沁和埃奇沃斯等经济学家提出若干测量效用的原则，在当时的语境下都难以实现。帕累托提出以偏好推测效用，从此，经济学广泛使用效用强调偏好的含义，而忽略了幸福的含义。Kahneman（1997）开创性地把效用区分为基于幸福的体验效用和基于偏好的决策效用两种不同性质的效用，他强调体验效用比决策效用更能反映真实、丰富的有关人类行为的信息。因而，效用的快乐内涵重新进入经济学的视野。主观幸福感被认为是有效衡量体验效用的指标（Krueger and Schkade，2008）。随着“主观幸福感”相关研究的发展，出现了以体验效用代替效用的趋势。Frey et al.（2009）认为居民报告的幸福感就是个人整体福利或效用的近似值。然而，Kimball and Willis（2006）和 Becker and Rayo（2008）认为个人可能会为了其他牺牲幸福，主观幸福感和效用并不是一回事。Benjamin et al.（2010）的实验研究表明，主观幸福感并不能与效用函数等同。个人在做决策时，除了追求幸福，目标感、生活的可控性和家庭整体幸福也是他们考量的因素。Glaeser et al.（2014）等学者批判将主观幸福感视为效用函数的做法，重申幸福只是效用的一个维度。

（4）幸福究竟是什么

“幸福”作为网络热词，是媒体、社会机构和居民热议的内容。各类媒体热衷于调查幸福，却忽视了调查样本随机性和调查方式科学性等问题。部分居民对记者的“你幸福吗”之类的问题持反感或嘲讽态度。事实上，很多人对“幸福是什么”感到茫然，研究者对幸福的定义也存在争议。蒲德祥和傅红春（2013）认为，在马歇尔之后的西方主流经济学中，用效用水平取代了幸福水平。经济学家把人的效用简化为物质追求。然而，“幸福悖论”的出现表明人类远非单纯追求物质利益最大化的经济人，必须将效用函数扩展以解释人类幸福问题。实际上，效用概念与幸福概念具有不同的含义。而贺京同等（2014）对当前“幸福”被泛化解释表示担忧，批判了越来越多的变量被随意纳入幸福函数的研究状况，并认为厘清“幸福的范畴和性质”是当务之急。基于效用论的历史演变和最新进展，他们认为幸福应是体验效用的一个子集，它指个体从实际结果与可接受结果的差异中获取的满足感。对“幸福为何物”的研究有利于夯实主观幸福感的研究基础，为公共政策的制定提供良好的向导。

8.4.2 研究内容

通过调查的方式了解居民的主观幸福感也遭到了一些质疑，必须基于传统的调研主观幸福感的方法，发展出一种结合各种主观幸福感调查方法的综合个人指标。第一，基于新古典经济学的偏好理论，对现有的关于主观幸福感的调研建立一个概念性的讨论框架。第二，尽管存在一些假设条件，我们证明锚定显示性偏好的理论框架有助于主观幸福感调查和指标的发展。第三，建立全新的居民福利调查体系，梳理出影响居民福利的关键的基础因素，设计情境调查方案，了解因素的相对边际效用。第四，通过网页调查的方式执行情境调查方案，诱导被调查者表达叙述性偏好，从而构建居民福利指数，并利用调查数据对环境公共政策进行评估。

（1）构建福利函数的理论框架并进行调查

构建理论框架中，假设效用函数为 $u(W)$ ，向量 W 为影响福利的基础性因素。

①识别 W 中主要的因素。通过充分梳理从 Maslow（1946）到 Stigliz, Sen and Fitoussi（2009）的关于福利、效用和主观幸福感的文献，我们可以归纳出影响福利最主要的因素。它包括一些比较广义的方面，比如那些直接询问居民主观幸福感如何的问题，也包括一些其他的因素，比如目标和成就、自由、道德感、参与感、自我表现、人际关系和其他人的幸福感。这是构建一个综合性的幸福感指标的最可行的尝试。

②设计居民福利调查方案调查。这是通过调查我们能够获取每个方面对效用的影响 $D_w u(W)$ 。这项调查采取"假设—选择"的情境调研法。我们首先对每个情境作一个简要的说明，被调查者在情境提供的选项中作出的选择，就表达了他们的叙述性偏好信息。

③编写后台程序进行网页调查。为了良好地实行情境调查，我们采取网页调查设计的方式。每一个网页就是一个情境，一个情境结束后直接切换进入另外一个网页，即另一个情境。

（2）测算居民福利并进行公共政策分析

结合理论模型和情境调查获得的数据，测算居民的福利，并将之用于政策分析领域。

①估计影响福利的关键因素的相对边际效用。在实证模型中，被解释变量就是被调查者所作的选择，自变量就是对影响幸福的主要方面的相对排序。每个情境包含的内容是随机的，因而我们就能识别每个问题的相对边际效用。

②测算居民福利状况。在大规模的调查中，被调查者在各个因素之间的权衡就表达了他们的叙述性偏好，在此基础上我们找到影响福利的最核心因素，并构建个人福利指数。

③利用福利数据评估公共政策。将我们测算的居民福利数据与主观幸福感方法相结合，对中国的环境公共政策进行评估，测算每个居民对改善环境质量的支付意愿。

研究中最关键的问题就是向量 W 中每个分量的确定。每个研究者对影响福利的因素都有自己的看法。在本研究中，我们希望让 W 中包括详尽的信息，反映出所有能够影响效用的维度，并且各个维度的内涵相异，不具重叠性。

第一，我们搜集国内所有的微观调查问卷，比如中国综合社会调查等调查，找出其中关于主观幸福感的问题。这些问题基本包括了主观幸福感中的评价性和情感性方面：让被调查者通过深思熟虑的认知过程后对自己的生活进行评价和让被调查者表现出自己正面或者负面的情感状态。

第二，总结著名的经济学家、心理学家和社会学家，比如斯蒂格利茨和森等学者关于福利的观点。这些观点并没有普遍地用于问卷调查中，我们将自行设置调查问题。比如我们把能力，也就是获取资源的途径、自由度等作为 W 的一个分量；我们还考虑被调查者认为自己的人生是否有意义等方面。

第三，可以直接把 GDP 增长率、通货膨胀率和收入不平等水平等客观变量放入 W 中。经过这三个步骤后，我们就可以得到一个初步的向量 W 。为了避免其包含的内容太多，我们合并类似的变量。为了减少被调查者在回答问题过程中的主观偏误，本研究对问题进行处理，比如使用一些让大多数人都能理解的词汇。

8.4.3 研究方法

(1) 理论研究方法

基于经典的消费者选择理论模型，了解被调查者的偏好并构建一个福利指数。我们假设消费者是一个连续可导的效用函数 $u(C)$ 。向量 C 包括 $c_1 \sim c_M$ 个维度，代表 M 个商品。消费的变化 ΔC 导致效用的变化为 Δu 。

在最优状况下，只要消费者选择严格为正的消费每项商品 c_m ，它带来的边际效用等于拉格朗日乘子乘以市场价格 p_m 。通过固定基期的价格和衡量随时间而改变的消费向量，政府就可以获得真实消费指数的总和。对于向量 C 的边际变化，这个指数能够衡量效用的变化。基于消费选择理论的方法存在的最大局限性，它不能完全地考虑所有影响福利的因素。为了拓宽它的适用性，基于已有的研究，我们把注意力从传统的影响效用的商品，比如食品、电器和交通等转换到健康、情感状态和自由度等基础性方面。这种方法更具一般性，不管消费者在何时何地消费了何种物品，都是为了实现这些基础性的目的。在这个新的框架下，消费通过对这些基础性的方面影响福利，同时，非消费性的因素也通过这些方面影响福利。此时，我们认为福利函数的形式是 $u(W)$ ，向量 W 包括 w_1 到 w_j 等 j 个影响福利的基础性方面。类似于关于消费的上式，W 的改变导致的效用的改变为 Δu 。当边际效用固定在某个时期，正如政府可以测量消费者的消费向量 C 并计算总消费，政府也可以测量基础性向量 W 并计算总量。我们认为这是个人福利指数最好的衡量。从本研究的视角来看，进行主观幸福感调查的关键在于找到所有的 w_j 。影响福利的基础性因素没有价格，我们必须直接估计它们的边际效用才能计算居民的福利指数。本研究的情境调研方法就提供了一种能够估计边际效用的方法。

本研究模型假设偏好函数的连续可导性，调查中只要影响福利的基础性因素 W 在小邻域内波动，我们所获得的福利指标就可以用于人际间比较。在很长的时段内，影响居民福利的因素 W 比较稳定，我们能够获得一个局部稳定的因素排序。然而，政策等环境突然变动导致 W 的间断性变动。在调查中，一个 W 在邻域内，而另一个 W 在邻域外，本研究构建的福利指数就不能良好地提供完整的因素排序。假设偏好函数为凸，福利指数能够提供一个局部均衡排序。经过 W_0 的斜线与无差异曲线相切，情境调查数据让我们能够估计出它的斜率。指数从 W_0 下降到 W_1，意味着居民福利状况变差。如果指数上升，居民的福利状况可能变差（W_2）、不变（W_3）或者变好（W_4）。如果在新的组合下实施一项新的 SP 调查，这项新的组合可能优于 W_0。总而言之，通过调查我们能够估计 W_0 的权重，我们的指数就能提供一个完全的局部排序，或者部分的全局排序。指数的上升或者下降都能反映福利状况的变化。

（2）情境调研法

在被调查者面临的每一个情境中包括三个部分。第一部分是序言。序言限定了每一个情境都是一个选择过程，个人在两个选项中所作的权衡反映了其对效用函数中每个分量赋予的权重。为了获得被调查者的“单周期”效用，它限定了不同的选择导致的差异的持续时间。本研究选择的期限是 5 年，与中国的 5 年计划相对应。

第二部分以表格的形式呈现，描述了“选项一”和“选项二”在结果上的不同。表中的每行表示构成效用的某个方面在两个选项上的对比，我们用“※”标记出是“选项一”还是“选项二”“高出很多”，“高出一些”或者“高出一点”。“选项一”和“选项二”中间的一列是“相等”，提醒被调查者不在表中的那些影响效用的其他方面不受两个选项的影响。表中的每一行都是从我们归纳的影响福利的所用方面中随机选出的。第三部分是被调查者所面临的选择，将其在两个选项中的叙述性偏好表现出来。我们将它设计成六点量表，包括“非常偏好选项一”、“比较偏好选项一”、“有一点偏好选项一”等六项。被调查者在量表中所作出的选择表现了其偏好的强度。一个情境调查的例子如下所示：

假设你正在做一个个人决策，你面临两个选项：选项一和选项二。这两个选择会对你接下来 5 年的生活造成不同的影响。表 8-1 列明了你可能会面临何种不同，请假设表 8-1 之外的因素都是大致相同的。

表 8-1 **情境调研法问卷**

	选项一					选项二	
	高出很多	高出一些	高出一点	相等	高出一点	高出一些	高出很多
你觉得快乐吗						※	
你没有感到焦虑			※				

在这两种选择中，你倾向于选择哪一项？

选项一			选项二		
非常偏向选项一	有些偏向选项一	有一点偏向选项一	有一点偏向选项二	有一些偏向选项二	非常偏向选项二
○	○	○	○	○	○

8.4.4 主要创新之处

情境调查方法容纳了多种关于社会福利衡量的特点，各项指标的权衡完全取决于被调查者的叙述性偏好，突破了传统的福利和主观幸福感测量方法（Fleurbaey，2009；Fleurbaey and Blanchet，2013）。基于数据导向的情境调查方法能够计算出每项指标的边际效用。W 不仅包括直接居民自评幸福感状况等主观性问题，还可以包括人类发展指数等客观性指标。我们借鉴了 Sen（1986、1992）的“能力”方法，影响居民福利的向量 W 既包括功能性变量，比如物质生活水平和健康，也包括能力性变量，比如个人成就和自由。

叙述性偏好方法存在很多问题，情境调研方法对该方法进行了良好的规范，避免了它可能存在的缺陷。尽管在情境调查中，依据我们提供的“假设—选择”信息，被调查者还是可能只愿意透露符合大众价值观的偏好，或者是不愿承认自己的那些羞于启齿的偏好。但是我们的情境方法提供了一个严谨框架，被调查者可以自由运用意志，充分发挥理性。它还能够控制感情因素对调查结果的影响，从而减少调查的偏误。

基于情境调研方法构建的居民福利指数是基于新古典经济学的消费理论，却更具一般性。通过 SP 调查方法获取叙述性偏好数据，描绘居民的无差异曲线图。福利经济学者通常不考虑偏好曲线的形状，而要求居民在两项影响福利的选项中作出比较和选择。随着影响福利的基础性因素的增多，被调查者所面临的选择呈指数增长。本研究方法认为偏好曲线连续可导并且是局部线性的，因而不要求被调查者进行过多的比较，减少了他们的认知任务。

参考文献

Alesina, A., Rafael, Di Tella, Robert MacCulloch. Inequality and Happiness: Are Europeans and Americans Different? [J]. Journal of Public Economics, 2004(88): 2009-2042.

Alesina, A. and Angeletos, G. M. Corruption, Inequality and Fairness [D]. NBER Working Paper, 2005: 11399.

Alesina, A. and Zhuravskaya, E. Segregation and the Auality of Government in a Cross-section of Countries[J]. American Economic Review, forthcoming.

Allum, N., Patulny, R., Read, S., and Sturgis, P. (forthcoming) Re-evaluating the Links Between Social Trust, Institutional Trust and Civic Association in Europe[M]. In Stillwell J. (ed.) Understanding Population Trends and Processes. New York: Springer, 2012.

Alonso, Location and Land Use: Toward a General Theory of Land Rent[M]. Cambridge: Harvard University Press, 1964.

Altindag, D. T. and Xu, J. The Impact of Institutions and Development on Happiness[R]. Auburn Economics Working Paper, 2011: 8.

Ambrey, C. L. and Fleming, C. M. Valuing Scenic Amenity Using Life Satisfaction Data[J]. Ecological Economics, 2011, 72: 106-115.

Andrew E. Clarka, Andrew J. Oswald. Satisfaction and Comparison Income[J]. Journal of Public Economics, 1996, 61(3): 359-381.

Appleton, S. A. and Song, L. Life Satisfaction in Urban China: Components and Determinants[J]. World Development, 2008, 36: 2325-2340.

Becker, G. S. and Rayo, L. Comment on "Economic Growth and Subjective Well-being: Reassessing the Easterlin Paradox" by Betsey Stevenson Justin Wolfers[J]. Brooking Papers on Economic Activity, 2008, Spring: 88-95.

Benjamin, D. J., Heffetz, O., Kimball, M. S. and Szembrot, N. Beyond Happiness and Satisfaction: Toward Well-being Indices Based on Stated Preference [J]. American Economic Review, 2014, 104(9): 2678-2735.

Berg, M. and Veenhoven, R. Income Inequality and Happiness in 119 Nations[M]. In B. Greve (ed.), Social Policy and Happiness in Europe, Cheltenham: Edward Elgar, 2010: 174-194.

Bjornskov, C., Dreher A. and Fischer, A. V. Formal Institution and Subjective Well-being: Revisiting the Cross-country Evidence[J]. European Journal of Political Economy, 2010, 26: 419-430.

Bjornskov, C., Dreher, A. and Fischer, A. V. The Bigger the Better? Evidence of the Effect of Government Size on Life Satisfaction Around the World[J]. Public Choice, 2007, 130: 267-292.

Bjornskov, C. The Multiple Facets of Social Capital[J]. European Journal of Political Economy, 2006, 22: 22-40.

Blanchflower, D. G. and Oswald, A. J. International Happiness[R]. NBER Working Paper Series. Working Paper, 2011: 16668.

Blanchflower, D. G. and Oswald, A. J. Well-being Over Time in Britain and the USA[J]. Journal of Public Economics, 2004, 88: 1359-1386.

Bond, T. N. and Lang, K. The Sad Truth about Happiness Scales[R]. NBER Working Paper Series, 2014.

Brockmann, H., Delhey, J., Welzel, C. and Yuan, H. The China Puzzle: Falling Happiness in a Rising Economy[J]. Journal of Happiness Studies, 2008, 10: 387-405.

C. Senik. When Information Dominates Comparison Learning from Russian Subjective Panel Data[J]. Journal of Public Economics, 2004(88): 2099-2123.

California Energy Commission. Windows and Office: A Study of Office Worker Performance and the Indoor Environment[R]. Technical Report, 2003: 500-03-082-A-9.

Caminada K, Goudswaard K. International Trends in Income Inequality and Social Policy[J]. International Tax and Public Finance, 2001(8): 395-415.

Carol Graham, Andrew Felton. Inequality and Happiness: Insights from

Latin America [J]. Journal of Economic Inequality, 2006 (4): 107-122.

Chang, E. C. C. and Chu, Y. Corruption and Trust: Exceptionalism in Asian Democracies? [J] Journal of Politics, 2006, 68: 259-271.

Charron, N. and Lapuente, V. Does Democracy Produce Quality of Government? [J] European Journal of Political Research, 2010, 49 (4): 443-444.

Christian Bjørnskov, Axel Dreher, Justina A. V. Fische. The Bigger the Better? Evidence of the Effect of Government Size on Life Satisfaction Around the World[J]. Public Choice, 2007, 130(3): 267-292.

Clark, A., Frijters, P. and Shields, M. A. Relative Income, Happiness and Utility: An Explanation for the Easterlin Paradox and other Puzzles [J]. Journal of Economic Literature, 2008, 46: 95-144.

Clark, A. and Senik, C. Who Compares to Whom? The Anatomy of Income Comparisons in Europe[J]. Economic Journal, 2010, 120: 573-594.

Clark, A. Unemployment as a Social Norm: Psychological Evidence from Panel Data [J]. Journal of Labor Economics, 2003 (21): 323-351.

Coggburn, J. D. and Schneider, S. K. The Relationship Between State Government Performance and State Quality of Life[J]. International Journal of Public Administration, 2003, 26(12): 1337-1354.

Coleman, J. M. Social Capital in the Creation of Human Capital[J]. American Journal of Sociology, 1988, 94: 95-120.

Collins, K. and Garcia, J. L. Happiness and Marginalization Rates for Internal Mexican Migrants and the Native-born Population in Baja California, Mexico[J]. The Social Science Journal, 2014, 51(4): 598-606.

David G. Blanchflower, Andrew J. Oswald. Well-being over Time in Britain and the USA[J]. Journal of Public Economics, 2004, 88

(7): 1359-1386.

David Jesuit, Vincent Mahler. State Redistribution in Comparative Perspective: A Cross-national Analysis of the Developed Countries [R]. Luxembourg Income Study Working Paper, 2004.

Day, R. Place and the Experience of Air Quality[J]. Health & Place, 2007, 13(1): 249-260.

Deaton, A. Income, Health and Well-being Around the World: Evidence from the Gallup World Poll [J]. Journal of Economic Perspectives, 2008, 22(2): 53-72.

Delucchi, M. A., Murphy, J. J., and McCubbin, D. R. The Health and Visibility Cost of Atmospheric Pollution: A Comparison of Estimation Method [J]. Journal of Environmental Management, 2002, 64(2): 139-152.

Demurger, S., Shi, L. and Yang, J. Earnings Differentials Between the Public and Private Sectors in China: Exploring Changes for Urban Local Residents in the 2000s[J]. China Economic Review, 2012, 23: 138-153.

Di Tella, R. and MacCulloch, R. Happiness Adaption to Income Beyond "basic needs" [M]. In E. Diener, J. Helliwell and D. Kahneman (eds.), International Differences in Well-being, New York: Oxford University Press, 2010.

Di Tella, R., MacCulloch, R. and Oswald, A. Preferences over Inflation and Unemployment: Evidence from Surveys of Happiness [J]. The American Economic Review, 2001, 91(1): 335-341.

Di Tella, R., MacCulloch, R. and Oswald, A. The Macroeconomics of Happiness [J]. Review of Economics and Statistics, 2003, 85 (4): 809-827.

Di Tella, R. and MacCulloch, R. Gross National Happiness as an Answer to the Easterlin Paradox [J]. Journal of Development Economics, 2008, 86(1): 22-42.

Di Tella, R. and MacCulloch, R. Partisan Social Happiness [J].

Review of Economic Studies, 2005, 72: 367-393.

Diener, E., Emmons, R. A., Larsen, R. J., and Griffin, S. The Satisfaction with Life Scale [J]. Journal of Personality Assessment, 1985, 49(1): 71-75.

Diener, E., Oishi, S. The No Obvious Social Psychology of Happiness[J]. Psychol Inq, 2004, 16: 162-167.

Diener, Ed. and Martin, E. P. Seligman. Beyond Money: Toward an Economy of Well-being [J]. Psychological Science in the Public Interest, 2004, 5(1): 1-31.

Diener, Ed. Guidelines for National Indicators of Subjective Well-being and Ill-being[J]. Applied Reseach in Quality of Life, 2006, 1(2): 67-82.

Diener, E., Emmons, R. A., Larsen, R. J. and Griffin, S. The Satisfaction with Life Scale [J]. Journal of Personality Assessment, 1985, 49(1): 71-75.

Diener, E., Sapyta, J. and Suh, E. Subjective Well-being is Essential to Well-being[J]. Psychological Inquiry, 1998, 9(1): 33-37.

Dixit and Avinash. Incentives and Organizations in the Public Sector: An Interpretative Review [J]. Journal of Human Resources, 2002, 37(4): 696-727.

Dolan, P., Peasgood, T. and White, M. Do We Really Know What Makes Us Happy? A Review of the Economic Literature on the Factors Associated with Subjective Well-being [J]. Journal of Economic Psychology, 2008, 29: 94-122.

Dolan, P. and White, M. P. How Can Measures of Subjective Well-being Be Used to Inform Public Policy? [J] Perspectives in Psychological Science, 2007, 2: 71-85.

Dutt. A. K. Consumption and Happiness: Alternative Approaches [R]. University of Notre Dame Working Paper, 2006: 1-58.

Easterlin, R. A. Lost in Transition: Life Satisfaction on the Road to Capitalism[J]. Journal of Economic Behavior & Organization, 2009,

71: 130-145.

Easterlin, R. A. Does Economic Growth Improve the Human Lot? Some Empirical Evidence[M]. In P. David and M. Reder, eds. Nations and Households in Economic Growth: Essays in Honour of Moses Abramovitz. New York, London: Academic Press, 1974.

Easterlin Richard A. "Does Economic Growth Improve the Human Lot? Some Empirical Evidence" [M]. In Paul A. David and Melvin W. Reder (eds.), Nations and Households in Economic Growth: Essays in Honor of Moses Abramovitz. New York: Academic Press, Inc. 1974.

Economy, E. C. The Great Leap Backward? The Costs of China's Environmental Crisis[J]. Foreign Affairs, 2007, 86(5): 38-59.

Ed Diener, R. Lucas, U. Schimmack, J. Helliwell. Well-being for Public Policy[M]. Oxford : Oxford University Press, 2009.

Ed. Hopkins. Inequality, Happiness and Relative Concerns: What Actually is Their Relationship? [J]. Journal of Economic Inequality, 2008(4): 351-372.

Fahey, A. L. and Smyth, E. The Link Between Subjective Well-being and Objective Conditions in European Societies[M]. In W. Arts and L. Halman (eds.), Brill: European Values at the Turn of the Millennium, 2004.

Fehr, E. K. Schmidt. A Theory of Fairness, Competition and Cooperation [J]. Quarterly Journal of Economics, 1999 (114): 817-868.

Ferreira, S. and Moro, M. On the Use of Subjective Well-being Data for Environmental Valuation[J]. Environ Resource Econ, 2010, 46(3): 249-273.

Ferrer-i-Carbonell, A. and Frijters, P. How Important Is Methology for the Estimates of the Determinants of Happiness [J]. Economic Journal, 2004, 114(497): 641-659.

Ferrer-i-Carbonell, A. and Gowdy, J. M. Environmental Degradation and Happiness[J]. Ecological Economics, 2007, 60(3): 509-516.

Ferrer-i-Carbonell, A. Income and Well-being[J]. Journal of Public Economics, 2005(89): 997-1019.

Filipe, R. C. and Yanaqizawa-Drott, D. H. Does Religion Affect Economic Growth and Happiness? Evidence from Ramadan [R]. NBER Working Paper Series, 2013.

Fischer, J. A. The Welfare Effects of Social Mobility. OECD Social, Employment and Migration Working Papers No. 93 [M]. Paris: OECD Publishing, 2009.

Fleurbaey, Marc, and Didier Blanchet. Beyond GDP: Measuring Welfare and Assessing Sustain-ability [M]. Oxford : Oxford University Press, 2003.

Fleurbaey, Marc, Erik Schokkaert, and Koen Decancq. "What Good is Happiness?" Universitecatholique Delouvain Center for Operations Research and Econometrics(CORE) Discussion Paper, 2009017.

Florida R., Mellander C. and Rentfrow P. J. The Happiness of Cities[J]. Regional Studies, 2013, 47(4).

Fowlie, M., Holland, S. P. and Mansur, E. T. What do Emissions Markets Deliver and to Whom? Evidence from Southern California's NOX Trading Program[J]. American Economic Review, 2012, 102(2): 965-993.

Frank, R. H. Should Public Policy Response to Positional Externalities? [J] Journal of Public Economics, 2008, 92: 1777-1786.

Frey, B. S. and Stutzer, A. Happiness, Economy and Institutions[J]. The Economic Journal, 2002, 110(466): 918-938.

Frey, B. S., Luechinger, S. , and Stutzer A. The Life Satisfaction Approach to Environmental Valuation[R]. CES Working Paper No. 2836, 2009.

Frey, B. S. and Alois Stutzer. Happiness and Public Choice[J]. Public Choice, 2010, 144(3-4): 557-573.

Frey, B. S. and Stutzer, A. Happiness and Economics: How the Economy and Institutions Affect Human Well-being [M]. NJ: Princeton University Press, 2002.

Frey, B. S. and Stutzer, A. Happiness, Economy and Institutions[J]. The Economic Journal, 2002, 110(466): 918-938.

Frey, B. S. and Stutzer, A. What Can Economists Learn from Happiness Research? [J]Journal of Economic Literature, 2002, 40(2): 402-435.

Frey, B. S. and Stutzer, A. What Can Economists Learn from Happiness Research? [J] Journal of Economic Literature, 2002, 40(2): 520-578.

Fujiwara, T., Kawachi, I. A Prospective Study of Individual-level Social Capital and Major Depression in the United States[J]. Journal of Epidemiology and Community, 2008, 62(7): 627-633.

Geeta Gandhi Kingdon, John Knight. Community, Comparisons and Subjective Well-being in a Divided Society[J]. Journal of Economic Behavior and Organization, 2007(1): 69-90.

Glaeser, E. L., Gottlied, J. D. and Ziv O., Unhappy Cities[R]. NBER Working Paper, 2014, NO. 20291.

Glaeser, E. and Saks, R. E. Corruption in America[J]. Journal of Public Economics, 2006, 90(6): 1053-1072.

Gore, E. C. A Place to Belong: Student Agency in the Social Capital of a Magnet High School[J]. Journal of Curriculum and Supervision, 2005, 20(4): 271-297.

Gouveia, N. C. and Maisonet, M. Health Effects of Air Pollution: An Overview. Air Quality Guidelines: Global Update 2005. World Health Organization, Regional Office for Europe, Denmark, 2005

Graham, C. and Felton, A. Does Inequality Matter to Individual Welfare? An Initial Exploration Based on Happiness Surveys from Latin America[R]. CSED Working Paper No. 38, 2005.

Graham, C. and Felton, A. Inequality and Happiness: Insights from

Latin America[J]. Journal of Economic Inequality, 2006, 4(1): 107-122.

Green, F., Felstead, A. and Burchell, B. Job Insecurity and the Difficulty of Regaining Employment: An Empirical Study of Unemployment Expectations[J]. Oxford Bulletin of Economics and Statistics, 2000, 62.

Grover, S. and Helliwell, J. F. How's Life at Home? New Evidence on Marriage and the Point for Happiness[R]. NBER Working Paper Series, 2014.

Gupta, S., Mello, L. D. and Sharan, R. Corruption and Military Spending[J]. European Journal of Political Economy, 2001, 17 (4): 749-777.

Guriev, S. and Zhuravskaya, E. Happiness in Transition[J]. Journal of Economic Perspectives, 2009, 23: 143-168.

Guver, C. Are Happier People Better Citizens? [J]Kyklos, 2011, 64 (2): 178-192.

Hagerty, M. R. Social Comparisons of Income in One's Community: Evidence from National Surveys of Income and Happiness[J]. Journal of Personality and Social Psychology, 2000(78): 746-771.

Hall, R. and Jones, C. Why Do Some Countries Produce So Much More Output Per Worker than Others? [J] Quarterly Journal of Economics, 1999, 114(1): 83-116.

Helliwell, J. F. and Putuam, R. D. The Social Context of Well-being[J]. Philosophical Transactions of the Royal Society of London. Series B, Biological Sciences, 2004, 359: 1435-1446.

Helliwell, J. F. and Huang, H. F. How's Your Government? International Evidence Linking Good Government and Well-being[J]. British Journal of Political Science, 2008, 38(4): 595-619.

Helliwell, J. F. Well-being, Social Capital and Public Policy: What's New? [J]The Economic Journal, 2006, 116: 34-35.

Helliwell, J. How's life? Combining Individual and National Variables to

Explain Subjective Well-being[J]. Economic Modelling, 2003, 20(2): 331-360.

Hessami, Z. The Size and Composition of Government Spending in Europe and Its Impact on Well-being[J]. Kyklos, 2010, 63(3): 346-382.

Hoehn, J. P., Berger, M. C. and Blomquist, G. C. New Estimates of Quality of Life in Urban Areas[J]. The American Economic Review, 1988, 78(1): 89-107.

Holmberg, S., Rothstein, B. and Nasiritousi, N. Quality of Government: What You Get[J]. Annual Review of Political Science, 2009, 12: 135-161.

Hopkins, E. Inequality, Happiness and Relative Concerns: What Actually is Their Relationship? [J] Journal of Economic Inequality, 2008, 6(4): 351-72.

Hudson, J. Institutional Trust and Subjective Well-being Across the EU[J]. Kyklos, 2006, 59: 43-62.

James Edward Meade. Poverty in the Welfare State [J]. Oxford Economic Papers, 1972(3): 289-326.

Jiang, S., Lu, M. and Sato, H. Identity, Inequality and Happiness: Evidence from Urban China [J]. World Development, forthcoming, 2011.

John F. Helliwell. How's Life? Combing Individual and National Variables to Explain Subjective Well-being[J]. Economic Modelling, 2003(2): 331-360.

K. Kotakorpi, J. P. Laamanen. Welfare State and Life Satisfaction: Evidence from Public Health Care[J]. Economica, 2010(77): 565-583.

Kacapyr, E. Cross-country Determinants of Life Satisfaction with Life[J]. International Journal of Social Economics, 2008, 35: 400-416.

Kahneman, Daniel, and Angus S. Deaton. High Income Improves

Evaluation of Life but Not Emotional Well-being[J]. Proceedings of the National Academy of Sciences, 2010, 107(38): 16489-16493.

Kahneman, D. and Alan, B. K. Developments in the Measurement of Subjective Well-being[J]. The Journal of Economic Perspectives, 2006, 20(1): 3-24.

Katsouyanni, K., Grypairs, A. and Samoli, E. Short-term Effects of Air Pollution on Health[J]. Encyclopedia of Environmental Heath, 2011: 51-60.

Kaufmann, D., Aart, K. and Pablo, Z. Governance Matters[R]. World Bank Policy Research Working Paper No. 2196, 1999.

Kenworthy, J. Pontusson. Rising Inequality and the Politics of Redistribution in Affluent Countries[R]. LIS Working Paper Series, 2005: 1-44.

Kim, S. and Kim, D. Does Government Make People Happy? Exploring New Research Directions for Government's Roles in Happiness[J]. Journal of Happiness Studies, 2012, 40(6): 1190-1200.

Kimball, M. S. and Willis, R. J. Happiness and Utility[M]. Michigan: University of Michigan Mimeo, 2006.

Knack, S. and Keefer, P. Institutions and Economic Performance: Cross-country Kests Using Alternative Institutional Measures[J]. Economics and Politics, 1995, 7: 207-227.

Knack, S. Social Capital and the Quality of Government: Evidence from the States[J]. American Journal of Political Science, 2002, 46: 772-785.

Knight, J., Song, L. and Cunatilaks, R. Subjective Well-being and Its Determinants in Rural China[J]. China Economic Review, 2010, 20(4): 635-649.

Kotakorpi, K. and Laamanen, J. Welfare State and Life Satisfaction: Evidence from Public Health Care[J]. Economica, 2010, 77: 565-583.

Krueger, A. and Schkade, D. The Reliability of Subjective Well-being Measures [J]. Journal of Public Economics, 2008, 92 (8): 1833-1845.

La Porta, R., Lopez-de-Silanes, F., Shleifer, A. and Vishny, R. The Quality of Government [J]. Journal of Law, Economics and Organization, 1999, 15: 222-279.

Lawless, N., Lucas, R. E. Predictors of Regional Well-being: A County Level Analysis[J]. Soc Indic Res, 2011(101): 341-357.

Layard, R. Happiness and Public Policy: A Challenge to the Profession[J]. The Economic Journal, 2006, 116: 24-33.

Layard, R. Happiness: Lessons from a New Science [M]. London: Penguin, 2005.

Lelkes, O. Knowing What is Good for You: Empirical Analysis of Personal Preferences and the "Objective Good" [J]. The Journal of Socio-Economics, 2006, 35: 285-307.

Lena Malesevic Perovic. Subjective Economic Well-being in Transition Countries: Investigating the Relative Importance of Macroeconomic Variables [J]. Financial Theoryand Practice, 2008, 32 (4): 519-537.

Leung, A., Kier, C., Fung, T., Fung L. , and Sproule R. Searching for Happiness: The Importance of Social Capital [J]. Journal of Happiness Studies, 2011, 12: 443-462.

Levinson, A. Happiness, Behavioral Economics, and Public Policy[R]. NBER Working Paper Series, 2013.

Levison, A. Valuing Public Goods Using Happiness Data: The Case of Air Quality[J]. Journal of Public Economics, 2012, 96: 869-880.

Leyden, K. M. Michelbach, P. and Goldberg, A. Understanding the Pursuit Happiness in Ten Major Cities [J]. Urban Affairs Review, 2011, 47: 861-888.

Liltsi, P. Michailidis, A. and Partalidou, M. Mapping Perceived Happiness Alongside the Rural-urban Continuum [J]. Procedia

Economics and Finace, 2014, 9: 288-301.

Lucas, R. E. Life Satisfaction of U. S. Counties Predicts Population Growth[J]. Social Psychological and Personality Science, 2014.

Luechinger, S., Schelker, M. and Stutzer, A. Governance, Bureaucratic Rents, and Well-being Differentials Across US States[J]. Oxford Economic Papers, 2013, 65(2), forthcoming.

Luechinger, S., Stutzer, A. and Meier, S. Bureaucratic Rents and Life Satisfaction[J]. Journal of Law, Economics and Organization, 2008, 24(2): 476-488.

Luechinger, S. and Raschky, P. A. Valuing Flood Disasters Using the Life Satisfaction Approach[J]. Journal of Public Economics, 2009, 93(3): 620-633.

Luechinger, S. Life Satisfaction and Transboundary Air Pollution[J]. Economics Letters, 2010, 107(1): 4-6.

Luechinger, S. Valuing Air Quality Using the Life Satisfaction Approach[J]. The Economic Journal, 2009, 119(536): 482-515.

Luttmer, E. Neighbors as Negatives: Relative Earnings and Well-being[R]. KSG Faculty Research Working Paper Series RWP04-029, 2004.

MacKerron, G., and Mourato, S. Life Satisfaction and Air Quality in London[J]. Ecological Economics, 2009, 68(5): 1441-1453.

Mark W. What Does Corruption Mean in a Democracy[J]. American Journal of Political Science, 2004, 48(2): 328-343.

Mauro, P. Corruption and Growth[J]. Quarterly Journal of Economics, 1995, 110: 681-712.

Mauro, P. Corruption and the Composition of Government Expenditure [J]. Journal of Public Economics, 1998, 69: 263-279.

Maycock, B. R., Howat, P. Social Capital: Implications from an Investigation of Illegal Anabolic Steroid Networks [J]. Health Education Research, 2007, 22: 854-863.

Menz, T. Do People Habituate to Air Pollution? Evidence from

International Life Satisfaction Data[J]. Ecological Economics, 2011, 71(15): 211-219.

Mitchell, G. and Dorling, D. An Environmental Justice Analysis of British Air Quality[J]. Environment and Planning, 2003, 35(5): 909-929.

Mo, P. H. Corruption and Economic Growth[J]. Journal of Comparative Economics, 2001, 29: 66-79.

Moenek, Wallerstein M. EarningsInequality and Welfare Spending—A Disaggregated Analysis[J]. World Politics, 2003(7): 485-516.

Muth, R. Cities and Housing [M.] Chicago: University of Chicago Press, 1969.

Ng, Y. K. Happiness Studies: Ways to Improve Comparability and Some Public Policy Implications[J]. The Economic Record, 2008, 84: 253-266.

Ng, Y. K. Happiness Surveys: Some Comparability Issues and an Exploratory Survey Based on Just Perceivable Increments[J]. Social Indicators Research, 1996, 38: 1-27.

Niskanen, W. A. Bureaucracy and Representative Government [M]. Chicago, IL: Aldine Press, 1971.

North, D. Growth and Structure Change [M]. New York: W. W. Norton, 1981.

Oishi, S. and Diener, E. Can and Should Happiness Be a Policy Goal? [J] Policy Insights from the Behavioral and Brain Sciences, 2014, 1: 195-203.

Oswald, A. Happiness and Economic Performance [J]. Economic Journal, 1997, 107: 1815-1831.

Oswald, A. J. and Wu S. Well-being Across America[J]. The Review of Economics and Statistics, 2011, 93(4): 1118-1134.

Oswald, A. Happiness and Economic Performance [J]. Economic Journal, 1997, 107: 1815-1831.

Ott, J. C. Government and Happiness in 130 Nations: Good Governance

Fosters Higher Level and More Equality of Happiness [J]. Social Indictor Research, 2011, 102: 3-22.

Ott, J. C. Good Governance and Happiness in Nations: Technical Quality Precedes Democracy and Quality Beats Size [J]. Journal of Happiness Study, 2010, 11: 353-368.

Paldam, M. Social Capital: One or Many? Definition and Measurement [J]. Journal of Economic Surveys, 2000, 14: 629-653.

Paul, S. A Welfare Loss Measure of Unemployment with an Empirical Illustration[J]. The Manchester School, 2001, 69 (2): 148-163.

Peasgood, T. Does Talking to Our Neighbors Enhance Our Satisfaction with Life? [M] In: Proceedings of the Paper Presented at the Meeting of the International Conference of Policies for Happiness. Certosa di Pontignano, Siena, 2007.

Piet. Ouweneel. Social Security and Well-being of the Unemployed in 42 Countries[J]. Journal of Happiness Studies, 2002(3): 167-197.

Porritt, J. Capitalism as If the World Matters [M]. London: Earthscan, 2005.

Powdthavee, N. Putting a Price Tag on Friends, Relatives, and Neighbours: Using Surveys of Life Satisfaction to Value Social Relationship [J]. Journal of Socio-economics, 2008, 37: 1459-1480.

R. Veenhoven. Well-being in the Welfare State: Level Not Higher, Distribution Not More Equitable? [J] Journal of Comparative Policy Analysis: Research and Practice, 2000(1) : 91-125.

Rafael Di Tella, Robert MacCulloch. Some Uses of Happiness Data in Economics[J]. Journal of Economic Perspectives, 2006(1): 25-46.

Ram, R. Government Spending and Happiness of the Population: Additional Evidence from Large Cross-country Samples [J]. Public Choice, 2009, 138: 483-490.

Rehdanz, K. and Maddison, D. Local Environment Quality and Life-satisfaction in Germany[J]. Ecological Economics, 2008, 64(4):

787-797.

Rentfrow, P. J., C. Mellander, and R. Florida. Happy States of America: A State-level Analysis of Psychological, Economic, and Social Well-being[J]. Journal of Research in Personality, 2009, 43(6): 1073-1082.

Roback, J. Wages, Rents and the Quality of Life[J]. Journal of Politial Economy, 1982, 6: 1257-1278.

Rosen, Sherwin. Hedonic Prices and Implicit Markets: Product Differentiation in Pure Competition [J] . Journal of Political Economy, 19974, 82(1): 34.

Rothstein, B. and Eek, D. Political Corruption and Social Trust: An Experimental Approach [J]. Rationality and Society, 2009, 21: 81-112.

Rus, A., Iglic, H. Trust, Governance and Performance: The Role of Institutional and Interpersonal Trust in SME Development [J]. International Sociology, 2005, 20: 371-391.

Sacks, D., Stevenson B. and Wolfers, J. Subjective Well-being, Income, Economic Development and Growth [R]. NBER Working Papers, No. 16441, 2010.

Samanni M. and Holmberg, S. Quality of Government Makes People Happy. The Quality of Government Institute, University of Gothenburg[R]. QoG Working Paper Series, 2010.

Sandvik, E., Diener E. and Seiditz, L. Subjective Well-being: The Convergence and Stability of Self-report and Non-self-report Measures[J]. Journal of Personality, 1993, 61(3): 317-342.

Sanfey, P. and Teksoz, U. Does Transition Make You Happy? [J] Economics of Transition, 2007, 15: 707-731.

Shiller, R. Why Do People Dislike Inflation? [R] NBER Working Paper, 1996, No. 5539.

Smeeding Timothym. Twenty Years of Research on Income Inequality, Poverty and Redistribution in the Developed World: Introduction and

Overview[J]. Socio-economic Review, 2004(2): 149-163.

Smyth, R., Mishra, V. and Qian, X. L. The Environment and Well-being in Urban China[J]. Ecological Economics, 2008, 68(1): 547-555.

Stevenson, B. and Wolfers, J. Economic Growth and Subjective Well-being: Reassessing the Easterlin Paradox [R]. NBER Working Paper, 2008, No. 14282.

Stiglitz, Joseph E., Amartya Sen, and Jean-Paul Fitoussi. Report by the Commission on the Measurement of Economic Performance and Social Progress. Commission on Measurement of Economic Performance and Social Progress. www. stigilitz-sen-fitoussi. fr.

Stutzer, A. The Role of Income Aspirations in Individual Happiness[J]. Journal of Economic Behaviour and Organization, 2004, 54: 89-109.

Sylvie Demurger, Martin Fournier, 李实, 魏众. 中国经济转型中城镇劳动力市场分割问题——不同部门职工工资收入差距的分析[J]. 管理世界, 2009, 3: 55-71.

Tavits, M. Representation, Corruption, and Subjective Well-being[J]. Comparative Political Studies, 2008, 41: 1607-1630.

Tidblad, J. and Kucera, V. Impacts on Building Materials[M]. In: Friedrich, R., Bickel, P. (eds.), Berlin: Environmental External Costs of Transport. Springer, 2001.

Tirole, J. The Internal Organization of Government [R]. Oxford Economic Papers, New Series, 1994, 46(1): 1-29.

Treisman, D. Decentralization and the Quality of Government [R]. Department of Political Science, University of California, Los Angeles, Working Paper, 2002.

Tsui, H. C. What Affects Happiness: Absolute Income, Relative Income or Expected Income? [J] Journal of Policy Modeling, 2014, 36(6): 994-1007.

Ulrich, R. View Through a Window May Influence Recovery from

Surgery[J]. Science, 1984, 420(27): 85-92.

Utell, M. J., Mehta, S. and Frampton, M. W. Determinants of Susceptibility. Air Quality Guidelines: Global Update 2005. World Health Organization, Regional Office for Europe, Denmark, 2005.

Veenhoven, R. and Hagerty, M. R. Wealth and Happiness Revisited: Growing Wealth of Nations Does Go with Greater Happiness[J]. Social Indicators Research, 2003, 64: 1-27.

Veenhoven, R. Quality of Life in Individualistic Society, a Comparison of 43 Nations in the Early 1990's[J]. Social Indicators Research, 1999, 48: 157-186.

W. Korpi, J. Palme. The Paradox of Redistribution and Strategies of Equality: Welfare State Institutions, Inequality and Poverty in the Western Countries[J]. American Sociological Review, 1998(63): 661-687.

Wassmer, R., Lascher, E. and Kroll, S. Sub-national Fiscal Activity as a Determinant of Individual Happiness: Ideology Matters[J]. Journal of Happiness Studies, 2009, 10: 563-582.

Welsch, H. Environmental Welfare Analysis: A Life Satisfaction Approach[J]. Ecological Economics, 2007, 62: 544-551.

Welsch, H. Implications ofHappiness Research for Environmental Ecnomics[J]. Ecological Economics, 2009, 68: 2735-2742.

Welsch, H. Environment and Happiness: Valuation of Air Pollution Using Life Satisfaction Data[J]. Ecological Economics, 2006, 58(4): 801-813.

Welsch, H. The Welfare Costs of Corruption[J]. Applied Economics, 2008, 40: 1839-1849.

Wilson, E. Q. Biophilia and the Conservation Ethic[M]. In: Kellert, S. R., Wilson, E. Q. (eds.), The Biophilia Hypothesis. Washington, D. C.: Island Press, 1993.

Winkelmann, L. and Winkelmann, R. Why Are the Unemployed So

Unhappy? Evidence from Panel Data[J]. Economica, 1998, 65(257): 1-15.

Winters, J. V. and Li, Y. Urbanization, Natural Amenities, and Subjective Well-being: Evidence from U. S. Counties, IZA Discussion Paper No. 8966.

Wolfers, J. Is Business Cycle Volatility Costly? Evidence from Surveys of Subjective Well-being[J]. International Finance, 2003, 6 (1), 1-26.

Yamamura, E. The Influence of Government Size on Economic Growth and Life Satisfaction[J]. Japanese Economy, 2012, 38(4): 28-64.

Zohal Hessami. The Size and Composition of Government Spending in Europe and Its Impact on Well-being [J]. Kyklos, 2010 (3): 346-382.

包群，彭水军. 经济增长与环境污染：基于面板数据的联立方程估计[J]. 世界经济，2006，11：48-58.

陈春良，易君健. 收入差距与刑事犯罪：基于中国省级面板数据的经验研究[J]. 世界经济，2009，1：13-25.

陈德球，李思飞，王丛. 政府质量、终极产权与公司现金持有[J]. 管理世界，2011，11：127-141.

陈刚，李树. 政府如何能够让人幸福？——政府质量影响居民幸福感的实证研究[J]. 管理世界，2012，8：55-67.

陈刚. 腐败与收入不平等——来自中国的经验证据[J]. 南开经济研究，2011，5：113-131.

陈惠雄. 经济社会发展与国民幸福[M]. 杭州：浙江大学出版社，2006.

陈钊，徐彤，刘晓峰. 户籍身份、示范效应与居民幸福感：来自上海和深圳社区的证据[J]. 世界经济，2012，4：79-101.

陈志霞. 城市幸福指数及其测评指标体系[J]. 城市问题，2012，9：13.

丁煜，朱火云. 我国社会保障水平对城乡收入差距的影响[J]. 人口与发展，2013(5)：23-29.

樊士德，沈坤荣. 中国劳动力流动的微观机制研究——基于传统与现代劳动力流动模型的建构[J]. 中国人口科学，2014(2)：17-31.

冯诗杰，李宪，袁正. 医疗保险与城镇老年人幸福感[J]. 消费经济，2014(2)：84-89.

高良，郑雪. 当代西方幸福感研究的问题与方向[J]. 自然辩证法通讯，2009，1：84-88.

高新才，岳立，张钦智. 兰州市大气污染支付意愿影响因素分析[J]. 城市问题. 2011(1).

何俊志，强舸. 民主程度与政府质量：文献回顾与评论[J]. 国外社会科学，2011，4：14-20.

何立新，潘春阳. 破解中国的"Easterlin"悖论：收入差距、机会不均与居民幸福感[J]. 管理世界，2011，8：11-22.

何凌云，鲁元平. 所属领域：制度经济学腐败、社会信任与居民主观幸福感[J]. 第十一届中国制度经济学年会论文汇编(下)，2011.

贺金礼. 经济学——回归亚当. 斯密的幸福和谐框架[M]. 上海：上海人民出版社，2010.

贺京东，那艺，郝身永. 决策效用、体验效用与幸福[J]. 经济研究，2014，7：176-188.

侯明喜. 防范社会保障体制对收入分配的逆向转移[J]. 经济体制改革，2007(4)：137-140.

胡宝娣，刘伟，刘新. 社会保障支出对城乡居民收入差距影响的实证分析——来自中国的经验证据(1978—2008)[J]. 江西财经大学学报，2011(2)：49-54.

胡洪曙，鲁元平. 公共支出与农民主观幸福感——基于CGSS数据的实证分析[J]. 财贸经济，2012(10)：23-33.

黄嘉文. 教育程度、收入水平与中国城市居民主观幸福感[J]. 社会，2013，5：181-203.

黄嘉文. 收入不平等对中国居民幸福感的影响及其机制研究[J]. 社

会，2016(2)：123-145.
黄文正，何亦名，李宏. 社会保障城乡收入差距调节效应的实证研究[J]. 经济体制改革，2014(6)：19-22.
黄永明，何凌云. 城市化、环境污染与居民主观幸福感——来自中国的经验证据[J]. 中国软科学，2013，12：82-93.
黄有光. 福祉经济学：一个趋于更全面分析的尝试[M]. 大连：东北财经大学出版社，2005.
黄有光. 效率、公平与公共支出政策——扩大公共支出势在必行[M]. 北京：社会科学文献出版社，2003.
黄祖辉，王敏，万广华. 我国居民收入不平等问题：基于转移性收入角度的分析[J]. 管理世界，2003(3)：70-75.
李涛，史宇鹏，陈斌开. 幸福经济学视角下的中国城镇居民住房问题[J]. 经济研究，2011，9：69-82.
李亚青. 城镇职工基本医疗保险的“逆向再分配”问题研究——基于广东两市大样本数据的分析[J]. 广东财经大学学报，2014(5)：59-67.
林洲钰，林汉川. 政府质量与企业研发投资[J]. 中国软科学，2013，2：102-110.
刘军强，熊谋林，苏阳. 经济增长时期的国民幸福感——基于 CGSS 数据的追踪研究[J]. 中国社会科学，2012，12：82-102.
刘瑜. 社会保障制度的幸福效应实证研究[J]. 商业经济研究，2015(6)：92-94.
卢峰，姚洋. 金融压抑下的法治、金融发展与经济增长[J]. 中国社会科学，2004，1：42-55.
鲁元平，王韬. 收入不平等、社会犯罪与国民幸福感——来自中国的经验证据[J]. 经济学(季刊)，2011(4)：1437-1458.
鲁元平，王韬. 主观幸福感影响因素研究评述[J]. 经济学动态，2010(5)：125-130.
鲁元平，张克中. 经济增长、亲贫式支出与国民幸福——基于中国幸福数据的实证研究[J]. 经济学家，2010(11)：5-14.
鲁元平，张克中. 社会流动影响居民幸福吗——来自中国转型期的经验证据[J]. 财经科学, 2014, 3: 96-107.
陆铭, 王亦琳, 潘慧, 等. 政府干预与企业家满意度——以广西柳州为例的实证研究[J]. 管理世界, 2008, 7: 116-159.
罗楚亮. 城乡分割、就业状况与主观幸福感差异[J]. 经济学季刊, 2006, 3: 817-839.
毛小平, 罗建文. 影响居民幸福感的社会因素研究——基于 CGSS 2005 数据的分析[J]. 湖南科技大学学报(社会科学版), 2012, 5: 42-45.
苗元江. 从幸福感到幸福指数——发展中的幸福感研究[J]. 南京社会科学, 2009, 11: 103-108.
倪鹏飞, 李清彬, 李超. 中国城市幸福感的空间差异及影响因素[J]. 财贸经济, 2012, 5: 9-17.
蒲德祥, 傅红春. 经济学的重新解读: 基于幸福经济学视角[J]. 经济学家, 2013, 8: 17-28.
亓寿伟, 周少甫. 收入、健康与医疗保险对老年人幸福感的影响[J]. 公共管理学报, 2010(1): 100-128.
祁玲玲, 赖静萍. 政府行为、政治信任与主观幸福感[J]. 学术研究, 2013, 7: 52-58.
任海燕, 傅红春. 有序概率模型的我国居民收入差距和幸福感研究[J]. 求索, 2012(3): 1-4.
世界银行. 政府治理、投资环境与和谐社会: 中国 120 个城市竞争力的提高[R]. 世界银行研究报告 No. 37759-CN, 2006.
孙凤. 主观幸福感的结构方程模型[J]. 统计研究, 2007, 2: 27-32.
孙计领. 收入不平等、分配公平感与幸福[J]. 经济学家, 2016(1): 42-49.
孙三百, 黄薇, 洪俊杰, 等. 城市规模、幸福感与移民空间优化[J]. 经济研究, 2014, 1: 97-111.
孙元元, 何凌云. 加快以国民幸福为导向的社会保障体系建设[N]. 光明日报, 2015-01-02.
汤凤林, 甘行琼. 经济增长、国民幸福与中国公共支出政策改革[J]. 贵州社会科学, 2013(5): 129-133.
汤凤林、雷鹏飞. 收入差距、居民幸福感与公共支出政策——来自中国社会综合调查的经验分析[J]. 经济学动态, 2014(4): 41-55.
田国强, 杨立岩. 对"幸福—收入之谜"的一个解答[J]. 经济研究, 2006, 11: 4-15.
王慧慧. 民生因素与城乡居民幸福感——基于CGSS数据的实证分析[J]. 中南财经政法大学学报, 2014(5): 32-38.
王健, 郭靓. 幸福悖论、公共支出与国民幸福[J]. 商业经济研究, 2015(10): 49-52.
王茂福, 谢勇才. 关于我国社会保障对收入分配存在逆向调节的研究[J]. 毛泽东邓小平理论研究, 2012(6): 46-50.
王鹏. 收入差距对中国居民主观幸福感的影响分析——基于中国综合社会调查数据的实证研究[J]. 中国人口科学, 2011(3): 93-101.
王小鲁, 樊纲. 中国地区差距的变动趋势和影响因素[J]. 经济研究, 2004, 1: 33-44.
王永钦, 丁菊红. 公共部门内部的激励机制: 一个文献述评[J]. 世界经济文汇, 2007, 1: 81-96.
吴一平. 财政分权、腐败与治理[J]. 经济学季刊, 2008, 3: 1045-1060.
夏书章. 略论幸福城市的建设与治理[J]. 中国行政管理, 2011(6): 7-10.
谢舜, 魏万青, 周少君. 宏观税负、公共支出结构与个人主观幸福感兼论"政府转型"[J]. 社会, 2012, 6: 86-107.
谢勇才, 杨斌. 社会保障拉大了农村居民收入分配差距吗——来自广东省的经验证据(2002—2012)[J]. 广东财经大学学报, 2015(2): 85-94.
刑春冰. 不同所有制企业的工资决定机制考察[J]. 经济研究, 2005, 6: 16-26.
邢占军. 我国居民收入与幸福感关系的研究[J]. 社会学研究,

2011，1：196-219.
熊敏鹏. 社会保障学[M]. 北京：机械工业出版社，2004.
徐倩，李放. 财政社会保障支出与中国城乡收入差距——理论分析与计量检验[J]. 上海经济研究，2012(11)：81-88.
杨翠迎. 中国社会保障制度的城乡差异及统筹改革思路[J]. 浙江大学学报(人文社会科学版)，2004(3)：12-20.
杨风寿，沈默. 社会保障水平与城乡收入差距的关系研究[J]. 宏观经济研究，2016(5)：61-72.
杨继东，章逸然. 空气污染的定价：基于幸福感数据的分析，世界经济，2014(12)：162-188.
余菊，刘新. 城市化、社会保障支出与城乡收入差距——来自中国省级面板数据的经验证据[J]. 经济地理，2014(3)：79-84.
张克中，何凌云. 政府质量与国民幸福：文献回顾与评论[J]. 国外社会科学，2012，4：4-10.
张平，陶纪坤. 中国社会保障制度地区差异对地区收入差距影响的实证分析[J]. 兰州学刊，2008(2)：65-68.
张学志，才国伟. 收入、价值观与居民幸福感——来自广东成人调查数据的经验证据[J]. 管理世界，2011，9：63-73.
张翼. 社会保障对中国城乡收入差距影响的初步研究[J]. 经济与管理，2010(6)：20-23.
张原，陈建奇. 非工资性收入分配：国有部门收入调控的新视角[J]. 中国工业经济，2007，8：15-23.
赵新宇，高庆昆. 公共支出与公众主观幸福感——基于吉林省问卷调查的实证研究[J]. 财政研究，2013(6)：13-16.
郑易生，阎林，钱薏红. 90 年代中期中国环境污染的经济损失估算[J]. 管理世界，1999(2)：189-207.
中国经济增长与宏观稳定课题组. 增长失衡与政府责任[J]. 经济研究，2006，10：4-17.
周黎安，陶婧. 政府规模、市场化与地区腐败问题研究[J]. 经济研究，2009，1：57-69.
周绍杰，王洪川，苏杨. 中国人如何能有更高水平的幸福感——基于中国民生指数调查[J]. 管理世界，2015(6)：8-21.
朱建芳，杨晓兰. 中国转型期收入与幸福的实证研究[J]. 统计研究，2009，4：7-12.
朱喜群. 收入增长、收入差距和居民幸福感——国际与国内的经验证据[J]. 经济问题探索，2014(1)：16-21.